21世纪高等院校计算机实用技术系列教材

微课设计与制作实用教程
（第2版）

缪亮 常程程 主编

清华大学出版社
北京

内 容 简 介

这是一本介绍使用 Camtasia Studio 进行微课视频制作的教材，全方位地介绍了使用 Camtasia Studio 进行微课视频制作的流程，包括微课的有关知识、微课视频制作的一般技巧、使用 Camtasia Studio 录像机进行视频和音频录制的方法以及使用 Camtasia Studio 编辑器对微课视频进行常规编辑处理、为微课视频添加各种必备元素、在微课视频中使用各种特效与制作交互作品的方法和技巧。

本书内容丰富，图文并茂，由浅入深，注重实用。本书适合大学、中学和小学及各类职业学校教师学习微课视频制作使用，也可以作为各级师范院校相关课程的教材。

版权所有，侵权必究。举报：010-62782989，beiqinquan@tup.tsinghua.edu.cn。

图书在版编目（CIP）数据

微课设计与制作实用教程/缪亮，常程程主编. --2 版. --北京：清华大学出版社，2025.5. --（21世纪高等院校计算机实用技术系列教材）. -- ISBN 978-7-302-68764-1

Ⅰ. G434

中国国家版本馆 CIP 数据核字第 2025MC1639 号

策划编辑：魏江江
责任编辑：王冰飞
封面设计：刘　键
责任校对：李建庄
责任印制：曹婉颖

出版发行：清华大学出版社
网　　址：https://www.tup.com.cn，https://www.wqxuetang.com
地　　址：北京清华大学学研大厦 A 座　　邮　编：100084
社　总　机：010-83470000　　邮　购：010-62786544
投稿与读者服务：010-62776969，c-service@tup.tsinghua.edu.cn
质量反馈：010-62772015，zhiliang@tup.tsinghua.edu.cn
课件下载：https://www.tup.com.cn，010-83470236

印　装　者：三河市天利华印刷装订有限公司
经　　销：全国新华书店
开　　本：185mm×260mm　　印　张：18.25　　字　数：446 千字
版　　次：2016 年 8 月第 1 版　2025 年 5 月第 2 版　　印　次：2025 年 5 月第 1 次印刷
印　　数：6301～7800
定　　价：59.80 元

产品编号：104325-01

前　　言

党的二十大报告指出：教育、科技、人才是全面建设社会主义现代化国家的基础性、战略性支撑。必须坚持科技是第一生产力、人才是第一资源、创新是第一动力，深入实施科教兴国战略、人才强国战略、创新驱动发展战略，开辟发展新领域新赛道，不断塑造发展新动能新优势。高等教育与经济社会发展紧密相连，对促进就业创业、助力经济社会发展、增进人民福祉具有重要意义。

近年来，以互联网技术为代表的信息技术领域得到了迅猛的发展，随着移动互联网的普及、云存储和云计算技术的成熟，社会进入了互联网+时代。信息技术已经逐渐走出附属和辅助的地位，走到了教育改革的前台，推动着教育改革大幅度前行。

2011年，萨尔曼·可汗和比尔·盖茨在TED做了"用视频再造教育"的精彩演讲，掀起了全球教育者对"翻转课堂"这种教育模式的关注。"翻转课堂"教育模式的迅速兴起也引起了我国教育工作者的关注，并在我国逐渐得到了认可，越来越多的教师开始尝试这种带有颠覆性的教学方式。

"翻转课堂"教学模式的切入点就是微课视频。学生获取知识的主要途径是教师制作的微课视频，而不是传统的教师课堂讲解。这对教师提出了新的要求，教师在制作微课视频时不仅要钻研教材，考虑教学细节，思考呈现效果、活动安排、评价等在传统教学过程中必须考虑的问题，还需要具有制作微课视频的技术能力，能够将自己的教学安排通过一定的技术手段在短短不到10分钟的视频中展示给学生，让学生能够高效地获得需要的知识。

微课视频的制作方法有多种，对于普通教师来说，最简便的方法就是使用个人计算机的录屏软件来制作。当前录屏软件有很多，但功能比较强大且适合微课视频制作的软件并不多，这中间的佼佼者就是Camtasia Studio了。

Camtasia Studio适合于微课视频的制作主要体现在其录屏功能的强大和视频编辑能力的完善，它能够以各种方式录制屏幕操作和声音，同时自带的视频编辑器能够直接对录制的声音和视频进行编辑处理，以简单的操作获得很多需要使用专业非线性编辑软件才能获得的效果。

本书详细地介绍了微课的有关知识、微课视频制作的一般技巧、使用Camtasia Studio录像机进行视频和音频录制的方法以及使用Camtasia Studio编辑器对微课视频进行视频编辑处理的方法。

主要内容

全书共8章，各章内容分布如下。

第1章介绍微课的有关理论知识，包括"翻转课堂"教学模式的有关知识，微课的概念、特点和类型以及如何设计微课。

第2章介绍微课视频制作的有关知识，包括微课视频制作的常见方式、微课视频制作的关键要点以及基于个人计算机的微课视频制作的方法和技巧。

第3章介绍Camtasia Studio 2019的基本知识，包括Camtasia Studio 2019的工作界面、画布、工具箱和时间线等相关知识与基本操作方法。

第4章介绍使用Camtasia Studio录制微课视频的方法，包括录屏前应该做的准备工作、如何进行录屏操作以及在录屏过程中添加水印和"板书"的方法。

第 5 章介绍使用 Camtasia Studio 编辑器对微课进行常规编辑操作的方法，包括视频、音频、图像、文字、注释等的编辑方法。

第 6 章介绍使用 Camtasia Studio 美化微课的方法，包括转场效果、镜头效果、动画效果、光标效果和"行为"特效的添加与设置等。

第 7 章介绍使用 Camtasia Studio 制作交互微课的方法，包括添加交互式热点、制作测验题和发布带测验的微课等。

第 8 章介绍使用 Camtasia Studio 输出微课的知识，包括 Camtasia Studio 中的文件格式、生成视频的方法、导出 MP4 格式的文件、生成其他格式的文件和创建与使用预设的方法。

本书特点

(1) **目标明确**。本书的编写目标是帮助广大教师使用 Camtasia Studio 进行微课视频的制作，因此全书专注于 Camtasia Studio 这个软件的各种应用和技巧，重点突出软件在微课视频的设计和制作中所起的作用。

(2) **有"理"有"据"**。这里，"理"指的是微课制作的理论，"据"指的是微课视频制作的理论依据。微课视频的制作不同于普通视频的制作，它离不开教学理论的支撑，离开教学理论的微课制作就如同"无源之水，无本之木"。本书做到了将教学理论与制作技术充分结合，融理论于技术讲解之中。

(3) **注重实用**。如何正确地认识微课视频？如何让微课视频发挥正确的作用？快速、高效的微课视频的制作方法有哪些？如何将自己的教学流程转换为课件的形式表现出来？在教师制作微课视频的过程中还有很多类似的问题。本书尝试将教学内容、微课视频实现和软件功能结合在一起，让大家从微课视频制作的角度看待 Camtasia Studio，解决教师的实际问题，让 Camtasia Studio 成为大家完成微课制作的有效武器。

(4) **图文并茂**。全书配有大量的图例，操作步骤的讲解均结合图例进行，降低了阅读门槛。读者能够直观地了解操作过程和每一步操作的效果，无论是熟悉 Camtasia Studio 的老手还是不熟悉操作的新手，都能够方便地阅读并理解。

为便于教学，本书提供教学大纲、教学课件、电子教案和素材。

资源下载提示

课件等资源：扫描封底的"图书资源"二维码，在公众号"书圈"下载。

素材资源：扫描封底的文泉云盘防盗码，再扫描目录上方的二维码下载。

本书作者

本书的主编为缪亮(编写第 1～4 章)、常程程(编写第 5～8 章)。参与本书编写的作者是多年从事教学工作的资深教师和从事微课开发的专业技术人员，具有丰富的教学经验和课件制作经验。他们的微课作品曾多次荣获国家级、省级奖励。其中，缪亮老师还多次担任全国 NOC 大赛的评委。

感谢开封文化艺术职业学院对本书的创作给予的支持和帮助。

相关资源

立体出版计划为读者建构全方位的学习环境!最先进的建构主义学习理论告诉我们,建构一个真正意义上的学习环境是学习成功的关键。在学习环境中有真情实境、有协商和对话、有共享资源的支持,才能使读者高效率地学习,并且学有所成。因此,为了帮助读者建构真正意义上的学习环境,作者以图书为基础,为读者专门设置了一个图书服务网站。

该网站提供相关图书资讯以及相关资料下载和读者俱乐部。在这里读者可以得到更多、更新的共享资源,还可以交到志同道合的朋友,相互交流、共同进步。

微信公众号:课件吧。

编 者

2025 年 3 月

目 录

扫一扫
素材下载

| 第1章 初识微课 | 1 |

1.1 课堂教学的新模式——翻转课堂 ... 1
    1.1.1 关于翻转课堂的故事 ... 1
    1.1.2 翻转课堂的内涵与价值 ... 2
    1.1.3 翻转课堂教学模式的操作流程 ... 4
1.2 什么是微课 ... 5
    1.2.1 微课的概念 ... 5
    1.2.2 微课的构成与特点 ... 6
    1.2.3 微课有哪些类型 ... 6
1.3 微课应该如何设计 ... 7
    1.3.1 为什么使用微课 ... 7
    1.3.2 在微课设计中需要注意的问题 ... 8
    1.3.3 微课的设计开发流程 ... 9
1.4 本章习题 ... 9
1.5 上机练习 ... 10
    练习1 通过网络了解翻转课堂教学模式 ... 10
    练习2 通过网络了解微课的有关知识 ... 10

第2章 微课视频制作的基础 ... 11

2.1 微课视频制作的常见方式 ... 11
    2.1.1 传统的摄录方式 ... 11
    2.1.2 录屏方式 ... 13
2.2 微课视频制作的关键 ... 16
    2.2.1 微课视频制作的要点 ... 16
    2.2.2 什么是好的微课视频 ... 18
2.3 基于个人计算机的微课视频制作 ... 19
    2.3.1 微课视频中的文字 ... 19
    2.3.2 微课视频中的图片 ... 24
    2.3.3 微课视频中的声音 ... 27
    2.3.4 微课视频中的视频 ... 31
    2.3.5 使用PowerPoint制作微课视频 ... 39
2.4 本章习题 ... 45
2.5 上机练习 ... 45
    练习1 上网查找与氧气制法有关的教学素材 ... 45
    练习2 使用PowerPoint 2016制作一个微课视频 ... 45

第3章 初识 Camtasia Studio 2019 软件 ·············· 46

3.1 Camtasia Studio 2019 的工作界面 ·············· 46
3.2 画布 ·············· 47
3.2.1 画布工具栏 ·············· 47
3.2.2 画布的设置 ·············· 48
3.2.3 画布上的操作 ·············· 50
3.2.4 视频预览按钮 ·············· 54
3.3 工具箱 ·············· 54
3.3.1 媒体箱 ·············· 54
3.3.2 库 ·············· 57
3.3.3 注释 ·············· 67
3.3.4 转换 ·············· 75
3.3.5 行为 ·············· 76
3.3.6 动画 ·············· 76
3.3.7 光标效果 ·············· 77
3.3.8 旁白 ·············· 78
3.3.9 音效 ·············· 79
3.3.10 视觉效果 ·············· 81
3.3.11 交互性 ·············· 84
3.3.12 字幕 ·············· 86
3.4 时间线 ·············· 88
3.4.1 工具栏 ·············· 88
3.4.2 播放头和刻度尺 ·············· 89
3.4.3 时间线标记 ·············· 90
3.4.4 轨道 ·············· 91
3.5 本章习题 ·············· 94
3.6 上机练习 ·············· 95
练习1 录制旁白 ·············· 95
练习2 使用模板制作微课视频的片头 ·············· 95

第4章 微课视频的录制 ·············· 96

4.1 微课录制的前期准备 ·············· 96
4.1.1 准备工作 ·············· 96
4.1.2 录屏的注意事项 ·············· 98
4.2 CamRecorder 录像机简介 ·············· 98
4.2.1 CamRecorder 的工作界面 ·············· 99
4.2.2 录屏前的常规设置 ·············· 99
4.2.3 设置录屏区域 ·············· 108

　　　　4.2.4　音频录制的设置 ··· 109
4.3　录制微课 ·· 112
　　　　4.3.1　控制屏幕的录制 ··· 112
　　　　4.3.2　相关参数的设置 ··· 113
　　　　4.3.3　PowerPoint 课件的录制 ······································ 114
　　　　4.3.4　录制摄像头 ··· 122
　　　　4.3.5　录制光标效果 ·· 123
4.4　水印和板书的添加 ··· 126
　　　　4.4.1　添加水印 ·· 126
　　　　4.4.2　添加板书效果 ·· 129
4.5　本章习题 ·· 131
4.6　上机练习 ·· 132
　　　练习 1　使用 Camtasia 插件录制 PowerPoint 课件 ················ 132
　　　练习 2　使用 Camtasia 获取视频网站上的视频素材 ············· 132

第 5 章　微课的编辑

5.1　编辑视频 ·· 133
　　　　5.1.1　剪辑和复制视频 ··· 133
　　　　5.1.2　拆分和组合媒体 ··· 135
　　　　5.1.3　扩展帧和插入时间 ·· 138
　　　　5.1.4　更改播放速度 ·· 139
　　　　5.1.5　设置画中画效果 ··· 140
5.2　编辑音频 ·· 142
　　　　5.2.1　轨道中的音频 ·· 142
　　　　5.2.2　调节音量 ·· 144
　　　　5.2.3　设置淡入淡出和静音效果 ··································· 145
　　　　5.2.4　添加背景音乐 ·· 149
5.3　导入和编辑图像 ··· 151
　　　　5.3.1　导入图像 ·· 151
　　　　5.3.2　编辑图像 ·· 152
　　　　5.3.3　抠像 ·· 152
5.4　编辑文字 ·· 158
　　　　5.4.1　添加文字 ·· 158
　　　　5.4.2　编辑字幕 ·· 162
5.5　编辑注释图形 ·· 173
　　　　5.5.1　添加特殊形式的注释 ··· 174
　　　　5.5.2　在微课视频中添加图形 ······································ 177
5.6　本章习题 ·· 182
5.7　上机练习 ·· 182

练习 1　录制一段微课视频并在 Camtasia 中对其进行编辑 ………… 182
练习 2　使用模板为微课视频添加片头 ………………………………… 182

第 6 章　微课的美化 …………………………………………………………… 183

6.1　添加转场效果 ………………………………………………………… 183
6.1.1　添加转场 ………………………………………………………… 183
6.1.2　设置转场效果 …………………………………………………… 184

6.2　添加镜头效果 ………………………………………………………… 187
6.2.1　添加聚集放大效果 ……………………………………………… 187
6.2.2　设置"缩放与平移"效果 ………………………………………… 191
6.2.3　添加智能聚焦效果 ……………………………………………… 194

6.3　添加动画效果 ………………………………………………………… 195
6.3.1　添加缩放和淡入动画效果 ……………………………………… 195
6.3.2　添加旋转动画效果 ……………………………………………… 197

6.4　添加光标效果 ………………………………………………………… 203
6.4.1　为鼠标动作添加特效 …………………………………………… 204
6.4.2　表现鼠标动作 …………………………………………………… 207

6.5　美化微课元素 ………………………………………………………… 208
6.5.1　为媒体添加阴影 ………………………………………………… 208
6.5.2　为媒体添加边框 ………………………………………………… 210
6.5.3　添加移动马赛克 ………………………………………………… 210

6.6　添加"行为"特效 ……………………………………………………… 212
6.6.1　为图像添加"行为"特效 ………………………………………… 212
6.6.2　为文本添加"行为"特效 ………………………………………… 214
6.6.3　完成片头动画 …………………………………………………… 216

6.7　本章习题 ……………………………………………………………… 217

6.8　上机练习 ……………………………………………………………… 218
练习 1　使用两种方式为视频切换添加淡入淡出转场效果 …………… 218
练习 2　制作文字弹跳进入的动画效果 ………………………………… 218
练习 3　制作倒计时动画 ………………………………………………… 219

第 7 章　微课的交互性 ………………………………………………………… 220

7.1　添加交互式热点 ……………………………………………………… 220
7.1.1　添加热点 ………………………………………………………… 220
7.1.2　热点的跳转 ……………………………………………………… 222
7.1.3　在热点中添加文字 ……………………………………………… 223

7.2　制作测验题 …………………………………………………………… 224
7.2.1　制作单选题 ……………………………………………………… 224
7.2.2　制作填空题 ……………………………………………………… 228

  7.2.3 制作简答题 ………………………………………………… 231
  7.2.4 制作判断题 ………………………………………………… 232
 7.3 发布带测验的微课 ………………………………………………… 234
  7.3.1 测验的发布 ………………………………………………… 234
  7.3.2 在浏览器中播放测验视频 ………………………………… 237
  7.3.3 保留项目中的交互功能 …………………………………… 239
 7.4 本章习题 …………………………………………………………… 241
 7.5 上机练习 …………………………………………………………… 242
  练习 1 录制一段视频并尝试为其添加"交互式热点" ………… 242
  练习 2 制作网络测验试卷 ………………………………………… 242

第 8 章 微课的输出 243

 8.1 Camtasia 中的文件格式 …………………………………………… 243
  8.1.1 源文件 ……………………………………………………… 243
  8.1.2 项目文件 …………………………………………………… 244
  8.1.3 视频文件 …………………………………………………… 246
 8.2 生成和导出微课视频 ……………………………………………… 247
  8.2.1 生成视频的方法 …………………………………………… 247
  8.2.2 导出 MP4 格式的文件 ……………………………………… 248
  8.2.3 生成其他格式的文件 ……………………………………… 267
  8.2.4 创建和使用预设 …………………………………………… 274
 8.3 本章习题 …………………………………………………………… 280
 8.4 上机练习 …………………………………………………………… 280
  练习 1 录制一段视频并尝试将其输出为不同格式的视频文件 … 280
  练习 2 综合案例——基于 PPT 的微课制作 …………………… 280

第1章 初识微课

近年来数字技术和互联网技术的发展突飞猛进,正在迅速地影响和改变着人们的生活和学习方式。在学习方面,仅从书本获取知识已经不能满足人们的需要,以便携式平板计算机和智能手机为代表的信息化设备已经成为人们生活和学习中不可或缺的部分。科技的进步也必然会带来教学模式的发展和进步,翻转课堂教学模式和微课这些教学新概念逐步出现在广大教师的视野中,它们带来了教学方式和学习方式的变革。

本章主要内容:
- 课堂教学的新模式——翻转课堂
- 什么是微课
- 微课应该如何设计

1.1 课堂教学的新模式——翻转课堂

我国教育模式(特别是基础教育模式)的发展到目前为止大致经历了3个阶段,即重知识、以教师为主体的单一模式阶段,以学生为主体的探索中的多模式阶段,在互联网环境下以学生为本的教学模式蓬勃发展阶段。在互联网环境下以学生为本的教学模式整合应用数字技术和翻转课堂教学模式,是当前逐渐得到重视的一种全新的教学模式。

1.1.1 关于翻转课堂的故事

在基础教育界,翻转课堂的出现起源于美国科罗拉多州落基山的"林地公园"高中的两位化学教师(如图1.1所示)的尝试。作为该高中的化学教师的乔纳森·波尔曼(Jon Bergmann)和亚伦·萨姆斯(Aaron Sams)在教学中经常受到一个实际问题的困扰,那就是他们的一些学生由于学校离家太远而需要花费过多的时间乘车上学,同时一些学生由于生病等各种原因而无法按时前来上课。这样就导致学生错过正常的教学活动,从而跟不上教学进度的情况。为了解决此类问题,他们在2007年前后开始使用屏幕录制软件录制PowerPoint演示文稿和教师实时讲解的视频,将这些视频上传到网络以供学生下载观看,从而帮助缺课的学生补课。

更具有创造性的是,这两位教师并未将这种学习方式仅用在对缺课学生的补习上,他们逐渐尝试让学生在家看视频、听讲解作为基础,节省出课堂上的时间让学生完成作业或实验,教师在课堂上对完成作业或实验有困

图 1.1 翻转课堂起源于美国的两位化学教师的尝试

难的学生提供帮助。乔纳森·波尔曼和亚伦·萨姆斯在其著作 Flip Your Classroom Reach Every Student in Every Class Every Day 中分享了他们的心得,这种教学模式被媒体热烈报道,从而为大家所知晓并引起了社会各界特别是教育界的广泛关注,越来越多的教师投入翻转课堂这种全新教学模式的探索和应用之中。在 2011 年,这种教学方式被加拿大的《环球邮报》评为 2011 年影响课堂教学的重大技术变革。

翻转课堂这种教学模式虽然在 2007 年就出现了,但其影响力最终扩展到全美乃至全球却是在 3 年以后,使这种教学模式影响力快速扩大的则是"可汗学院"的出现和快速发展。"可汗学院"是在 2004 年由孟加拉裔美国人萨尔曼·可汗(Salman Khan)创立,其创建之初的目的是给亲戚家的小孩学习数学进行辅导。出于这种目的,萨尔曼·可汗录制了数学方面的教学视频并将其放到了网站上。这些视频除了给亲戚家的小孩提供远程学习辅导外,还可以供其他人士免费观看和学习。除了视频之外,他还对视频的内容进行了补充,主要是增加了互动学习的软件,以方便学习者在学习后进行练习。

到 2007 年,萨尔曼·可汗创立了一个非营利性网站,该网站使用教学视频讲解各学科中的教学内容,讲解网上观众提出的各种问题,并提供在线练习、自我评估和学习进度自动跟踪等工具。在 2009 年,萨尔曼·可汗辞去其原有的工作,全身心地投入网站的维护和运营中,同时将网站正式命名为"可汗学院"。2010 年秋,"可汗学院"受到了比尔·盖茨的关注,获得了"比尔和梅琳达·盖茨基金会"以及谷歌公司的资金资助,不仅在教学视频质量和支持工具上有了进一步的提升,更重要的是扩大了其影响力。"可汗学院"中文版官网首页如图 1.2 所示。在美国数学教育界,萨尔曼·可汗犹如宗教界的摩西一般受人崇拜,他的超级粉丝比尔·盖茨说:"可汗是将科技应用于教育的先锋,他开启了一场革命。"萨尔曼·可汗与比尔·盖茨如图 1.3 所示。

随着"可汗学院"的出现,基础教育的教学方式也发生了改变。学生可以晚上在家观看"可汗学院"的数学教学视频,第二天回到教室做作业,遇到问题时则向教师和同学请教。这种方式解决了翻转课堂推广的最大的障碍,就是教师无法制作大量适合的视频的问题,从而降低了教师进入翻转课堂的门槛,推动了翻转课堂这种教学模式的普及,使这种教学模式走出了北美地区,进入了全球教育界的视野。可以这样说,萨尔曼·可汗凭借简单的教具和普通软件颠覆了美国乃至全球的在线教育,发起了一场教育模式的革命。

1.1.2 翻转课堂的内涵与价值

翻转课堂教学模式是一种混合式的学习方式,学生通常在家里通过视频课程在线学习新知识,而课外作业被带到了课堂。在课堂上教师提供的是对学生的个性化指导和师生互

图1.2 "可汗学院"中文版官网首页

图1.3 萨尔曼·可汗与比尔·盖茨

动,而不是传统的授课。这是一种与传统的"教师白天在教室上课、学生晚上回家做作业"的方式正好相反的课堂模式,因此被称为"翻转课堂"(the Flipped Classroom),国内也有学者将其称为"颠倒课堂"。

翻转课堂是将学生学习的决定权从教师的手中转交给了学生,教师不再像传统授课那样在课堂的时间内讲授知识,知识的学习需要学生在课前通过观看视频、听播客和阅读电子书等方式来自主完成。课堂中的宝贵时间,学生用来在教师的支持下聚焦于疑难问题的解决,通过主动的基于项目的学习,共同研究解决知识的内化和应用中所面临的问题。

翻转课堂教学模式是一种颠覆性的教学模式,其强调学生主体性回归的机制创设,彰显了学生是学习的主人的学习文化。学生在学习过程中可以自主确定视频资源的学习时间、节奏和频率,这样可以保证所有学生的学习机会。这种教学模式增加了师生互动和生生互动的时间,能够有效地促进问题的解决。在这种教学模式中,教师的角色不再是知识的传递员,而是转变为学生发展的促进者,课堂也从个别外向型学生的秀场转变为所有学生的创造场。翻转课堂的教学模式强调课前的学习和课中学习的整体性设计,是学习理论与信息技术发展与整合的产物,有效地促进了碎片化时间的利用。翻转课堂需要视频课程,视频课程具有微型化和便民化的特点,同时要求课程评价反馈要及时。

与传统的教学方式相比,翻转课堂教学模式有它独有的价值。学生在学习时,希望教师在场的时候是自己做不出作业、教师能够提供回答和帮助的时候,翻转课堂很好地回应了学生的这种要求。在翻转课堂教学模型下,学生是自己学习的主人,掌握着学习的节奏和步调。在当前信息化环境中,翻转课堂这种教学模式的价值体现在充分适应了学生学习的特点,可以帮助学业负担本来就很重的学生充分利用时间,学生可以根据自己的需要灵活地进行选择性学习。翻转课堂的价值还体现在其能够改变传统教学模式下好学生得到最大的关注,其余学生被动听好学生和教师对话的局面,让基础薄弱的学生也能得到照顾,同时教师也能从重复性的教学活动中解放出来,打破了教师对课堂的主宰地位,使得学生能够自主地掌握学习进程。

翻转课堂教学模式整合了面对面教学与在线学习的共同优势,及时释疑,增加了师生的互动,改变了课堂的管理,课堂上不存在对课上不专心听讲学生的管理问题,喜欢闹堂的学生也失去了观众,这使许多传统课堂教学模式中的管理问题消失了。这种模式使课堂变得透明、开放,社会和家长能够通过轻点鼠标更加方便地了解学习教育的内容,方便学生与家长的共同学习,促进学生与家长的交流,促进学校教育与家庭教育的协同合作。另外,翻转课堂打破了学生同步学习的桎梏,能够有效地帮助所有学生最终实现学习目标。特别是对于缺少合格教师的农村边远地区的学生的学习,翻转课堂教学能够起到一定的替代作用。

在中国,翻转课堂这种教学模式实际上是古已有之,平常强调得很多的课前预习和自主学习,课中教师答疑解惑的这种教学模式已经具有了翻转课堂的基本特征。当前对翻转课堂教学的强调,在于当前乃至未来的翻转课堂将充分地利用数字和网络技术来进行,立足于培育适应未来数字化环境的人才,借助于数字技术,教师将有关视频放置于网络上,形成系统的教学网络资源。学生可以在课前根据自己已有的基础选择步骤和选择内容学习。当教学资源达到一定量,能够形成网络云环境时,翻转课堂教学更能有利于学生学习的主体探究性与学生的个性化发展。

1.1.3 翻转课堂教学模式的操作流程

不同的教学模式具有其独特的操作流程,操作流程指的是在时间上展开的逻辑步骤以及每个步骤中教师与学生的主要行为活动,它是教学模式的外在表现形式,内部蕴含着与其模式相对应的教学设计和教学策略。

翻转课堂这种新兴的教学模式颠覆了传统的教学过程,深深地打上了信息技术的烙印。它将知识的传递放在了课外,学生借助于云环境等信息技术手段获取教师制作的微课视频以及学习任务,自主完成知识的建构。课堂则成为他们探讨问题、师生之间深入交流和小组协作探究、获得个性化指导和完成知识内化的场所。与传统的课堂教学相比,翻转课堂有着颠覆性的变化和典型特征。

根据建构主义理论,"学习是建构内在的心理表征的过程,学习者并不是把知识的外部搬到记忆中,而是以已有的经验为基础,通过与外界的交互作用来构建新的理解。"教师是教学过程的组织者、指导者和意义构建的帮助者,学生则是知识意义的主动构建者,教材所提供的知识则是学生知识意义构建的对象,媒体是用来创设情境、进行协作学习和会话交流,也就是学生主动学习和协作探索的工具。因此,翻转课堂的教学流程设计应该遵循关注学生发展、以学生为主体、关注学生的个体差异和强调课堂互动交流的有效性等基本原则。

翻转课堂这种教学模式的操作流程根据学科特点和教学任务会有所不同,典型的翻转课堂的教学操作流程如图1.4所示。

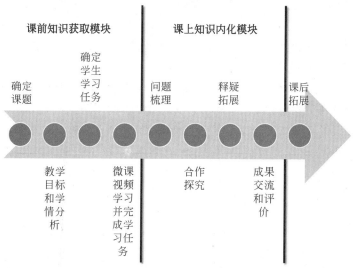

图1.4 翻转课堂的教学操作流程

在翻转课堂教学模式下,学生最主要的获取新知识的渠道是课下的自主学习。在教学过程中教师要首先对自主学习的环境进行设置,使其支持学生课下的学习过程。在课前知识获取模块,教师要根据教学内容和教学目标明确学生的学习任务,设计制作微课视频并提前发布微课视频,让学生明确学习任务(如给学生发放学习任务单)。学生利用课余时间观看视频,学习和掌握基础知识并完成相关学习内容。

在翻转课堂中,对学生的学习最有益的改变体现在课堂内的活动中。微课视频能够以知识点为单位进行制作,学生课前的学习是一种碎片化的学习,课堂教学的作用则是将这些知识碎片系统化,让学生做到融会贯通。翻转课堂将知识的传递移到了课前,在课堂上实现知识的内化。教师在课堂上充分利用学生课前学习产生的疑问确定问题,开展合作探究活动,利用情境、协作和交流等学习环境要素发挥学生的主动性、积极性和创造性,帮助学生在这些具体的环境中应用学习到的知识,从而实现知识的内化。

1.2 什么是微课

随着时代的发展,教学系统中的各构成元素也在发生着变化。微课是近年来随着翻转课堂教学模式的出现而迅速得到教育界关注的热点话题,它是信息化技术普及的产物,体现了人类科技迅猛发展所引起的教育媒体的变化。微课的出现体现了时代变迁所带来的教学系统的新变化。

1.2.1 微课的概念

在常规的学校课堂教学中,课是一种普遍实施的以班级集体教学为组织方式和基本单位的教学模式。课具有时间的限制,是一种有组织的教学过程单位,用来达到一种完整的教学目的。

与传统的"课"的概念相对应,微课是一个全新的概念。微课的外在表现形式是一段视频,但不能将其仅理解为教学用的视频。微课视频不是过去教学中使用的积件,那种积件只是一种用于配合教师上课的教学资源。在新型的翻转课堂教学模式中,微课视频是学生进行自主学习的一个不可或缺的重要组成部分。因此,对于微课,现在普遍的认识是:微课指的是时间较短(以 10 分钟以内为宜),有明确的教学目标,内容短小精炼,用于集中说明一个问题的小课程。

在翻转课堂教学模式下,微课就是一种记录教师给学生讲授课程内容的一段 10 分钟以内的微视频,这段视频需要与学生的学习任务单和学生的学习活动流程等相结合才能形成完整的微课。如果微视频离开了学生的学习活动,那么它只能算是一段学习材料,无法达到课程的要求。因此,微课需要包括教师制作的教学内容微视频、学生的学习任务单和学生的学习活动安排。

1.2.2 微课的构成与特点

相对于传统的课,微课的特征是明显的,它是由多种资源有机构成的,以微视频为主要载体和呈现方式,其基于网络运行,因此能够不受时间和空间的限制,同时能够支持多种学习方式。

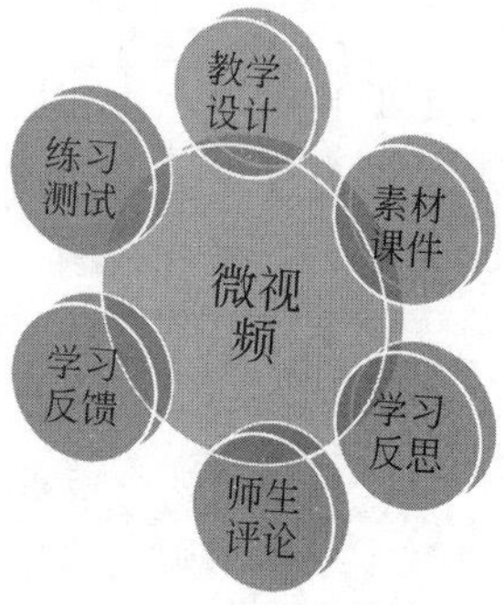

微课是伴随着 Web 2.0 时代的到来而出现的,它是一种全新的资源类型和课程表现形式。微课具有主题突出、内容高度聚焦、资源类型多种多样和应用场景真实的特点,同时具有交互性强和使用方便的特点。在教学中,微课短小精悍、应用面广泛,同时具有半结构化和动态生成的特点。

微课的核心资源是微型教学视频片段,即微视频。同时,微课还应该包括与教学知识点或教学环节相配套的教学设计、教学素材课件、相关的练习测试、学习反馈、师生评论和学习反思等辅助性的学习内容,如图 1.5 所示。

图 1.5 微课的构成

1.2.3 微课有哪些类型

在教学实践中,微课根据不同的标准能够分为不同的类型。如按照教学方式来划分,微课可以分为讲授类、演示类、练习类、实验类、自主学习类、探究学习类和合作学习类等。一般来说,一个微课对应于一种微课类型,但有时也可以同时属于两种甚至是两种以上的微课类型,教师根据学科和教学目的来合理地选择应用和完善微课类型。

微课也可以根据知识的传递方式进行划分,此时微课可以分为讲授型微课、解题型微课、答疑型微课、实验型微课和活动型微课。

- 讲授型微课:以学科知识点和重难点的讲授为主,与传统的课堂类型相似,具有多种形式的授课方式,同时不局限于课堂讲授。
- 解题型微课:主要是针对某类典型的例题进行讲解和分析,其重点在于解题思路的分析和过程的展示,常见于理科类学科知识的传授。
- 答疑型微课:主要是针对学生在学习中可能存在的具有代表性的疑难问题,对其进行归纳、总结和分析解答，解决普遍存在的问题，给学生答疑解惑。
- 实验型微课：主要的表现形式是展示，这种课型在理科类学科教学中使用较多，主要是针对典型的实验展示设计、操作和实验结果，具有较强的直观性。
- 活动型微课：主要用于反映在某个具体知识学习过程中的活动，反映学习中的思考、探究和讨论等场景和过程。

微视频是微课中的核心内容，微课也可以按照微视频的录制方式进行分类，一般分为下面几类。

- 录屏类微课：这类微课是通过录屏软件（如 Camtasia Studio）来录制教师使用 PowerPoint、Word、图形绘制软件或手写输入软件等方式呈现在计算机屏幕上的演示内容和讲解过程，同时录制讲解语音和旁白等。
- 软件合成类微课：通过微课脚本设计，运用软件（如 Flash、PowerPoint、剪映、Premiere 和会声会影等）将图像、动画、声音和视频等媒体素材合成为视频后输出为微课视频。
- 实景拍摄类微课：用摄像机或者智能手机拍摄讲课过程，内容包括教师讲课画面、手工活动现场演示、试验场景展示等。
- 混合式微课：在微课制作中，根据需要，使用上面介绍的多种方式来制作、编辑和合成微课。

另外，微课也可以根据面向的对象和功能来进行分类，一般分为下面几类。

- 用于职业发展的微课：这类微课针对各类职场人士，帮助职场人士提高专业水平、解决工作中遇到的问题和困惑并提高职场技能。
- 面向社会大众的学习型微课：这类微课的内容不再局限于某个学科或课堂基础知识的教学，其涵盖了社会、经济、生活、文化和科技等各领域，通过各种方式面向社会开放资源，实现教育帮扶并构建了公共服务体系，使教育资源能够根本性地服务于社会。
- 用于学生自主学习的微课：这类微课面向在校学生，帮助学生进行自主性学习。这类微课是当前微课的主流，实现微课最基本的功能。

1.3 微课应该如何设计

微课的核心是微视频，但微课不是课堂教学实录的视频切片，更不是网络上那些以小时计的传统精品课程实录，也不是辅助教师讲课的多媒体课件，微课有其自身独有的特点和要求。

1.3.1 为什么使用微课

翻转课堂和微课并不是一种新的教育教学理论，其主要是通过教学形式的变化和教育流程的改变来顺应现代教育发展的趋势，这种发展趋势是基于互联网技术高速发展的。一直以来，教师都是掌握和控制着知识的权威，学生获取知识的渠道相对狭窄。随着近年来计算机和互联网的普及，学生获取知识的渠道得到了极大的扩展，微课这种学习方式的出现也就是很自然的事情了。

使用以微视频为核心的微课,学生可以自控式地安排学习,获得个性化的学习体验。学生根据自身的学习基础、学习习惯和爱好以及对知识掌握程度的不同来控制和安排自己的学习节奏,可以暂停、倒退和反复观看视频与练习,学习他们理解有偏差的问题,以达到掌握知识的目的。同时,通过微课的自主学习,学生可以批判性地学习新知识,将其融入认知结构中并迁移到新的情境中,真正实现深度学习。对于设计合理、教学目标明确、要求清晰的微课,学生在学习上的进步能够获得高频率的回馈和评价,学生对知识的掌握也就是顺理成章的事情了。

微课实际上是一种教学手段,其能够创造更多的机会让学生积极投身到主动学习中,通过自主学习来有效地提高学习的效率,获得更好的学习效果。另外,使用微课对于教师来说也是颇有益处的。微课顺应了时代发展的潮流,是一种教学方式的创新。微课为创新教学模式提供了基础,是一种提高课程教学质量的有效途径。同时,微课基于网络的特点也能够为教师提供更多的与同行交流的机会,促进教师教学水平的提高和个人素养的增强。

1.3.2 在微课设计中需要注意的问题

微课是否优秀,能否达到既定的教学目的,设计是一个关键的步骤。在常规教学领域,微课的设计应该注意下面的问题。

- 微课的设计首先要充分考虑微课面向的对象。在设计微课时,应该注意微课是为谁服务的,微课适合哪种类型的学生学习。在设计微课时要明确需要达到的学习目标,要充分做好学情分析,了解学生适合什么样的学习方式,适合在什么时间学习。
- 微课的设计要体现出教学中的任务驱动、问题导向和反馈互动的原则。微课的设计与传统课程教学的设计一样,同样要考虑课程的引入,引入要具有趣味性,能够吸引学生的注意,引起学生的兴趣。在设计微课时,从引入到讲解应该做到逐步推进且层次分明,能够让学生高效地获取关键知识。
- 微课的设计要紧扣一个"微"字。一节微课只讲解一个知识点,要充分体现微课短小精悍的特点,同时考虑微课的完整性,充分利用微课件和微练习等配套教学资源。
- 微课的设计要体现微学习环节的互动方式和学习方式的设计。微课是当前"云环境"下的一种新的教学方式,教学设计应该充分利用信息技术的优势,通过各种互动方式让学生能够积极地以主体身份参与学习,能够及时地对学习状况进行反馈。
- 微课设计要注意知识的连贯性和整体性。在对微课进行设计时,不仅要突出当前知识点的掌握,更要注意基于一个专题或整个单元知识、方法和技能。因为只有系统化地学习才能使学生有效地掌握知识和技能,所以微课的设计制作要充分考虑知识体系,保证微课制作的专题性和完整性。
- 微课设计要保证知识的"清"。微课的时间不会很长,那么在设计微课时要保证微课学习目标的达成,不能因为要节约时间而跳过必要的教学步骤。
- 微课设计需要设计学习任务单。微课要保证让学生清楚需要掌握的知识是什么、技能有哪些、该做些什么。因此,可以使用学习任务单的方式对学生的学习进行指导,告诉他们看完微课视频后应该讨论什么、练习什么、学习资源和扩展知识链接从何处获取以及学习效果如何评价等内容。

1.3.3 微课的设计开发流程

微课的开发一般有两种方式：一种方式是对已有的微课进行加工改造，这种方式可以最大限度地发挥各类已有教学资源的价值，在短时间内形成规模并提高微课的开发效率；另一种方式就是设计开发全新的微课。

微课的设计开发是一个完整的过程，其既包括微课的设计和开发，也包含了微课的应用过程，是它们的有机结合。一个完整微课的设计开发流程如图 1.6 所示。

图 1.6　微课设计开发的一般流程

- 确定主题：确定微课教学或学习的主题，明确微课教学的知识点。
- 分析学情：分析学生的学习状况，如学生的学习能力、学生的特点、学生的前置知识和学生能够使用的时间等；对需要讲授的知识点进行分析，如分析知识点在教材中的地位、知识点前后知识之间的关联以及知识点的讲授范围和深度等；还包括像传统课堂那样分析这节微课的教学重点、教学难点以及学生的易错点等。
- 设计微课：对整个微课进行设计，包括设计微课的内容结构、知识的传递方式以及微视频的视觉效果等，完成微教案的设计、微练习的设计以及微课中用到的课件的设计。
- 准备素材：获取微课需要的授课素材，这里的素材应该包括授课的知识素材，如微课中知识引入的内容、课后的练习以及探讨的问题等。素材还包括制作微课视频和课件所需要的素材，如文案、图片和视频等。
- 制作微课：制作微视频，包括视频的录制、视频的后期处理加工等。
- 实施微课：将微课上传到微课平台，形成微课资源后将其应用到教学中。微课的实施是一个完整的教学过程，包括学生学习、学习效果的反馈以及对微课教学效果的评价和授课教师的反思等。

1.4　本章习题

一、填空题

1. 翻转课堂的教学模式强调_____和_____，是学习理论和信息技术发展与整合的产物，有效地促进了_____。
2. 微课指的是_____，有_____，内容短小精悍，用于_____的小课程。
3. 微课具有_____、_____、_____和_____的特点。

二、选择题

1. 微课的核心资源是（　　）。
   A. 图片　　　　　B. 文字　　　　　C. 音乐　　　　　D. 教学视频
2. 用于反映在某个具体知识学习过程中的活动，反映学习中的思考、探究和讨论等场景的微课是(　　)。

  A. 讲授型微课　　　B. 活动型微课　　　C. 实验型微课　　　D. 答疑型微课

3. 上传制作完成的微课属于微课开发流程中的(　　)步骤。

  A. 确定主题　　　B. 分析学情　　　C. 准备素材　　　D. 实施微课

1.5　上机练习

练习 1　通过网络了解翻转课堂教学模式

  这里省略主要操作步骤提示。

练习 2　通过网络了解微课的有关知识

  这里省略主要操作步骤提示。

第 2 章 微课视频制作的基础

微课的关键核心是微视频,微视频是切入教学的关键所在。微课设计开发的重要步骤就是微视频的制作,微视频质量的高低直接决定了微课教学效果的优劣。本章将从操作层面来介绍微课视频制作的有关知识。

本章主要内容:
- 微课视频制作的常见方式
- 微课视频制作的关键
- 基于个人计算机的微课视频制作

2.1 微课视频制作的常见方式

微课视频制作的方式有很多,最常见的无非是传统的室内拍摄方式和屏幕录制两种方式。这两种方式应用于不同场合,有着各自不同的制作方法,教师根据教学的要求、视频的内容和需要获得的效果进行选择。下面将主要介绍使用传统的摄录方式和录屏方式制作微课视频的有关知识。

2.1.1 传统的摄录方式

微课视频是一种短小精悍的视频,它不是炫目视觉的盛宴,而是一种低成本的影视作品,可以使用传统的摄录方式进行制作。针对不同的教学环境和授课内容,微课的摄录有不同的应对策略。

传统的摄录方式应用于微课的制作,常用于录制那些与传统课堂教学场景类似的讲授、实验和展示结合在一起的微课类型。在这类微课视频中往往需要结合教师的口头语言和肢体语言来展示教师的个人魅力并传递知识,教学内容与授课教师之间需要出现场景的切换,需要展示师生或生生之间的互动,因此直接摄录教师在教室中的授课过程,如图 2.1 所示。这种类型的微课可以展现课堂授课过程,能够得到真实的现场感,让学生获得与课堂教学类似的体验。

在制作这种类型的微课视频时,教师针对微课的主题进行详细的教学设计,形成教学方案,针对教学方案利用黑板或电子白板展开教学过程,使用摄像机将整个过程摄录下来获得微课视频。

这种微课视频对现场的摄录要求相对较高,硬件除了传统的黑板和粉笔之外,在教室中还需要电子白板等辅助教学设施,如图 2.2 所示。在拍摄视频时,除了进行摄像机的准备之外,为了获得较好的视频效果,还需要考

图 2.1　授课环境为教室

虑摄像机的放置、教室场景的布光和声音的录制等诸多问题。同时，对于教师的镜头感、课堂掌控能力以及形象、语言和肢体动作的表现力等都有较高的要求，对于拍摄者的拍摄技能也是一个考验。因此这种拍摄方式往往需要一个团队，需要较为专业的制作班底和合适的摄录环境，有时可能还需要在专业的摄录室中进行录制。这里的制作团队一般由学科组成员、主讲教师和电教教师构成，学科组成员共同进行微课的教学设计，主讲教师进行授课，电教教师负责视频的录制和后期处理。

图 2.2　摄像机和电子白板

实际上，在制作实验操作和习题讲解等类型的微课时，教师完全可以自主拍摄完成。例如，使用家用摄像机和白板，在一个相对安静、光照条件较好的环境中，教师可以进行自主拍摄，如图 2.3 所示。随着科技的发展，现在很多智能设备，如智能手机和便携式平板计算机，

图 2.3　自主拍摄

它们都具有摄像功能,而且拍摄效果很不错。对于一些重在突出过程展示而对拍摄效果要求不高的微课视频,完全可以使用诸如手机这样的智能设备进行录制。例如,数学微课需要展示某个题目的解答过程,教师可以在一张纸上书写解答过程,使用手机将其录制下来,然后配上讲解,同样能够达到很好的效果,如图 2.4 所示。

图 2.4　用手机录制纸上的解题过程

2.1.2　录屏方式

对于广大的普通教师来说,制作微课视频行之有效的方法就是使用屏幕录制方式进行。这种方式具有技术门槛低和制作成本低的优势,教师只要能够熟练地使用计算机并拥有基本的硬件就可以完成微课视频的制作。

1. 录屏软件＋PowerPoint 模式

通过屏幕录制来制作微课视频的一种常用方式是录屏软件＋PowerPoint 模式。其中,录屏软件用于录制屏幕内容和语音讲解,常用的软件有 Camtasia Studio、YouCam、Free Screen Recorder 等。PowerPoint 在这里用于展示微课的内容,之所以选择 PowerPoint,是因为 PowerPoint 是当前最常用的课件制作软件,其操作简便、功能强大而且相关素材资源丰富。这种方式需要的硬件比较简单,只需要计算机、耳麦(自带话筒)或独立的话筒就可以了,如图 2.5 所示。

图 2.5　进行屏幕录制时需要的硬件设备

在使用这种微课视频制作方式时,授课者首先针对所选定的教学主题搜集教学材料和媒体素材,制作需要的 PPT 课件。在计算机屏幕上打开视频录制软件和制作完成的 PPT 课件,授课者调整好话筒的位置和音量,在屏幕上调整好录屏软件的录屏区域和 PPT 课件的演示区域。在做好上述准备后,授课者即可开始微课视频的录制。授课者一边演示教学内容,一边讲解,配合软件的标记工具或其他媒体软件、素材完成授课。最后对录制完成的微课视频做必要的处理和美化。

2. "可汗学院"模式

"可汗学院"模式本质上与上面介绍的录屏软件＋PowerPoint 模式没有区别,都是使用录屏软件来录制屏幕上的画面。其与录屏软件＋PowerPoint 模式的唯一区别在于授课内容的载体是电子白板软件,屏幕上展示的内容更多依赖于教师的手写。

在这种微课录制模式中,授课者使用手写板在电子白板软件模拟出来的黑板上进行板书,教学内容、板书和讲解互相配合,十分适合于数理化类微课特别是习题讲解类微课的制作。因为这类微课视频需要展示教师的思维方式和解决问题的思路,通过直接书写解决问题的过程能够直观、完整、有效地呈现思维的轨迹。图 2.6 为"可汗学院"网站上的微课视频截图。

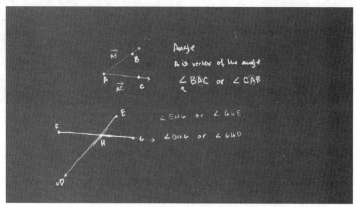

图 2.6 "可汗学院"网站上的微课视频

"可汗学院"模式微课的制作在硬件上除了计算机、耳麦和话筒外,还需要用于手写输入的手写板,如图 2.7 所示。与鼠标相比,用手写板进行书写更加流畅,并能够保证整洁和准确。

图 2.7 手写板

"可汗学院"模式微课在软件的使用上除了需要录屏软件之外,还需要电子白板软件用于在屏幕上模拟书写用的黑板,屏幕上黑板的颜色可以是白色也可以是传统的黑色。在计算机中可以使用的电子白板软件比较多,比较著名的如 Open-Sankoré,其功能强大且没有绑定硬件,如图 2.8 所示。

图 2.8 Open-Sankoré 软件

实际上,如果没有专业的电子白板软件,还有两种替代方案。第一种方案是使用 Windows 自带的画图软件,打开该软件后使用软件提供的绘图工具在画布上涂画,也可以达到手写的目的,如图 2.9 所示。

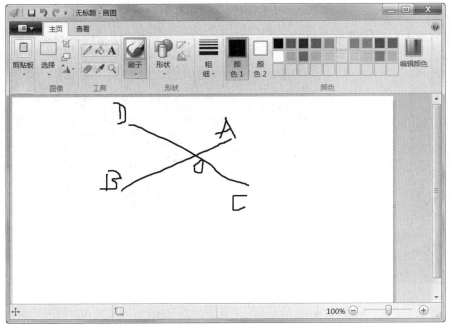

图 2.9　Windows 自带的画图软件

第二种方案是使用 PowerPoint。在演示文稿放映时右击鼠标,选择快捷菜单中的"屏幕"命令,在下级菜单中选择"黑屏"或"白屏"命令设置屏幕的颜色,如图 2.10 所示。例如,这里选择"黑屏"命令,则整个屏幕变成黑色,就像一块黑板那样。再次右击鼠标,选择快捷菜单中的"指针选项"命令,在下级菜单中选择"笔"命令设置指针,在"墨迹颜色"列表中选择相应的选项设置笔迹的颜色,如图 2.11 所示。在完成设置后就可以将屏幕当作一块黑板进行手写了,如图 2.12 所示。

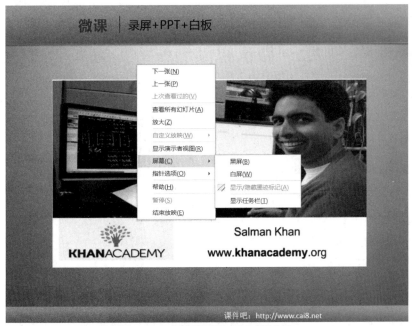

图 2.10　选择"黑屏"或"白屏"命令

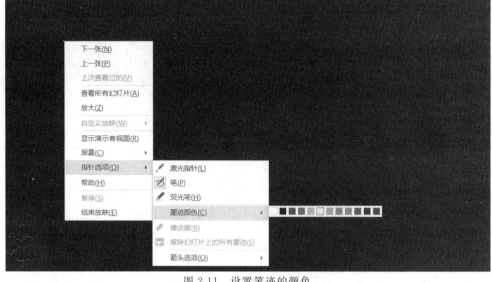

图 2.11　设置笔迹的颜色

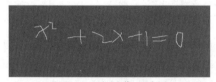

图 2.12　在屏幕上手写

用"可汗学院"模式制作微课视频，首先针对微课的主题进行详细的教学设计，形成教案；准备好硬件设施，如安装手写板和麦克风等硬件设备，在屏幕上模拟出黑板，然后使用手写板在屏幕上对教学内容进行书写演示；通过录屏软件录制教学过程和讲解，完成后对视频进行必要的编辑美化。

2.2　微课视频制作的关键

微课视频的制作主要包括 3 个重要的步骤，即微课视频的选择和规划、微课视频的录制以及微课视频的编辑美化。高质量的微课视频为学生的学习提供必要的资源，能够更好地帮助学生掌握知识。作为教师，在制作用于学习的微课视频时应该注意以下一些问题。

2.2.1　微课视频制作的要点

微课视频是信息技术和网络发展到互联网＋时代的必然产物，虽然技术的发展使微课视频的门槛降低到了只要使用一部智能手机就能实现，但开发一段微课视频仍然需要花费大量的时间，掌握必要的设计要点。

1. 微课视频的内容选择

微课视频的制作不仅仅是一个技术问题，其在制作的整个过程中需要教师进行大量的前期准备工作，其中视频内容的选择是制作中的一个关键环节。在确定微课视频应该展示或讲解哪些内容时，应该以讲解教学中的重难点知识和疑难问题为目的。微课视频的选题一般应该选择重要的概念、重要的规律性的知识、重要的实验、学生遇到的典型问题以及常用的思想方法。微课视频确定选题的原则是基础性、典型性、针对性、系统性和交互性。

微课视频作为一种媒体方式,有其优势也有一些固有的劣势。在制作微课视频时,内容的选择要适合使用多媒体特性,要选择那些能够发挥视频优势的内容。如果内容选择不当,教学过程平淡无味,学生将会失去学习的兴趣和欲望。这样的微课即使制作出来,可能还达不到使用传统的粉笔黑板方式教学的效果。

2. 微课视频的教学设计

微课视频的时间较短,因此更加需要教师进行精心的教学设计。微课视频的教学设计必须紧密联系教学目标和教学内容,教学目标必须单一,教学内容必须清晰明了,使学生能够用于聚焦地学习的体验。对于课时较长的重点内容,在制作微课视频时可以将其划分为若干小主题,制作成若干相关片段的小专题以供学生学习。此时的微课视频应该使学生明确重难点特别是知识之间的联系,促成学生自主学习能力和逻辑思维能力的提高。

在进行微课视频的设计时要对知识点进行细化。一方面,在同一个等级上对不同教学内容细化,另一方面要对同一个教学内容在后续的等级中细化,这样才能够让学生由浅入深地掌握某个知识点。在设计微课视频时,应该建立合理的知识结构,必须要做到由易到难和循序渐进,充分考虑学生原有的知识水平,合理安排知识架构,确保学生能够有效地进行学习。

3. 微课视频的质量要高

这里的质量,指的是微课视频的内容质量。微课视频的内容设计是一门艺术,作为教学用的微课视频,只有高质量才能吸引学生的目光,激发学生学习的热情,形成一种学习上的良性循环。微课视频的制作并不是按照传统的教学经验由教师根据教材要求逐个讲解知识点,而是根据课程标准和教学内容,确定和分解教学目标,厘清知识点之间的关系,使用数字技术对知识点进行最优的呈现。

对于教师来说,制作高质量的微课视频,技术并不是最大的问题,关键是观念的转变。微课视频的应用对教师实际上提出了更高的要求,教师既是视频的制作者,也是知识的传授者。与传统的教学方式相比,教师将不再是"以我为中心",而是"以生为中心",是学生自主学习的指导者和推动者。

4. 微课视频必须短小精悍

微课视频的一个优势就在于能够让学生充分地利用时间,以碎片化的学习方式来完成知识的学习和积累。微课视频的长度不宜超过10分钟,5~8分钟最为适宜。事实证明,这样的微课既能让教师把一个知识点讲清、讲透,学生也能花较少的时间学到最关键的内容且不会感到疲劳和注意力分散。心理学相关研究也证明,一般人的注意力集中的有效时间在10分钟左右,微课视频不超过10分钟的长度规定是符合学生的视频驻留规律和学生的学习认知特点的。

对于不同的学习对象,也要考虑微课的视频时长对学习效果的影响。一般来说,小学生活泼好动、注意力难以集中、保持时间不长,微课在设计制作时要形式新颖、尽量短小;针对初、高中生和大学生的微课,由于内容较难可适当延长,但一般也不宜超过10分钟。

微课视频要求短小,那么在内容上就必须要精。一个微课视频只需要讲清一到两个知识点或一道典型的例题就可以了。对知识的讲解不能照本宣科,教师更应该展示的是对知识的理解,起到"解惑"的作用。教师的语言要清晰简洁并兼顾风趣幽默,尽可能少地使用古板和枯燥的书面语,以保证讲解通俗易懂,让学生既有学习的兴趣,同时不增加学生认知的负担。

2.2.2 什么是好的微课视频

作为教学用的微课视频,其兼具教育和技术两方面的特质。对于微课视频的评价,除了要符合规定的技术指标之外,还要与教育教学的安排相结合。当前对于微课视频的评价标准不尽相同,但归纳起来无外乎从下面的4个点进行考量。

1. 技术性
- 微课视频的时长不超过10分钟,视频的图像清晰稳定,保证播放流畅。
- 视频画面构图合理,声音清楚,对于主要的教学环节配以必要的字幕提示。
- 视频中的动画设计直观形象,能够为教学内容服务且与作品的风格保持一致。
- 视频中场景的切换速度要适中,需要给观看的学生留有短暂的思考时间,切换种类的数量要适中,切换效果之间的反差要小。
- 微课视频要考虑兼容性的问题,要能够在不同的运行平台上播放顺畅,要便于在网上发布。

2. 艺术性
- 微课视频要有视觉美感,版式设计要好,整体风格清新大方具有美感。画面要求精致美观,色彩和图文搭配协调。
- 微课视频中的图片要求风格统一,与画面协调、清晰,能够起到说明和修饰的作用。
- 微课视频中的音乐要求无杂音,曲风或节奏与图文、动画协调一致,要配合良好。
- 微课视频中文字的字体合理,文字大小适中,要符合视觉心理特点。

3. 教学性
- 选题价值:视频选取教学环节中的某一个知识点、专题或实验活动等,针对教学中常见的、典型的、有代表性的问题或内容进行设计。选题小而精,具备独立性、完整性、示范性和代表性,能够有效地解决教与学过程中的重点和难点问题。
- 设计:围绕教学主题来进行设计,突出重点且注重教学实效,教学目的明确,教学思路清晰,注重学生的全面发展。
- 内容:内容严谨而充实,无科学性和政策性的错误,能够理论联系实际,紧扣教学目标。
- 组织和编排:符合学生的认知规律,过程主线清晰、重点突出、逻辑性强,讲解明了易懂,注重学生的主体性并将教与学活动有机结合。
- 方法和手段:策略选择正确,能够调动学生学习的积极性和创造性思维,能够根据内容的需要来灵活应用教学方法,信息技术手段运用合理。
- 效果:微课视频能够完成设定的教学目标,有效地解决教学中的实际问题。

4. 创新性
- 教师对微课视频的功能理解透彻,形式新颖。
- 能够创造性地运用信息技术手段突破重难点。

另外,对于微课视频,在对其进行评价时,对视频的内容有如下具体评价要求。

- 结构完整：视频的结构要完整，内容新颖且逻辑清晰。
- 内容要具体：视频针对一个问题以小见大，内容必须要具体且具有实用价值，不能抽象而空泛，应该突出具体问题的解决策略和方法。
- 内容具有引导性：内容要能够引导学生思考，内容的剖析要深刻且层层深入。
- 内容具有反思性：内容的分析要深刻，能够与学生产生情感上的共鸣，引起对某个问题的反思。
- 语言简洁：语言是视频中的一个重要内容，语言表述要规范和简洁，关键词要突出明了。

2.3 基于个人计算机的微课视频制作

微课视频是基于教学设计思想，使用多媒体技术就一个知识点进行针对性讲解并模拟一对一教学情境的一段视频。视频讲解的知识点既可以是教材解读、题型精讲和考点归纳，也可以是方法传授和知识技能等方面内容的展示。微课视频一般会包含文字、图片、视频和音效等元素，下面介绍录屏软件＋PowerPoint 这种基于个人计算机的微课视频中各元素的使用技巧。

2.3.1 微课视频中的文字

文字是教学内容的重要表达方式，是微课视频中一种常见的信息呈现方法，是赋予课程内涵的重要元素。在微课视频中，文字可以作为微课标题，用来对概念、定义和特征进行描述。文字的最大优势在于表达意义明确，能够有效地起到引导和解释的作用。在视频中文字也存在不足，不能像图片和图形那样具有很强的形象感，无法让人看到就产生具体的形象。

1. 文字的多少

微课视频离不开文字，但并不是文字越多越好。对于微课视频来说，过多的文字不仅会影响到视频画面的美观，还会影响到学生对信息接受的效果。在视频中使用大量的文字，使页面上的文字密密麻麻，主次不分，将直接造成文字阅读困难和信息不突出的问题，如图 2.13 所示。

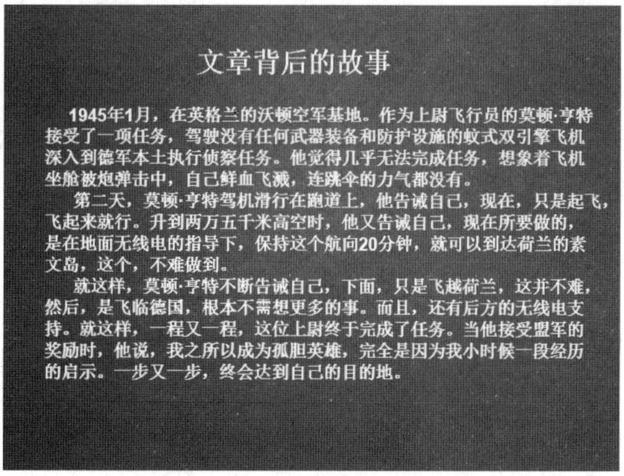

图 2.13　画面中出现过多的文字

在微课视频中,显示的文字字数不宜过多,以提示要点为目标,以能够让学生在较短的时间内看完画面上的文字为宜。画面中文字的字数,应该根据学生的不同学段来确定。不同的学段可以以下面的字数作为参考:对于小学低年级的微课视频,画面中的文字以不超过20字为宜;对于小学中年级的微课视频,文字以不超过25字为宜;对于小学高年级的微课视频,文字以不超过30字为宜;对于初中年级和高中年级的微课视频,文字以不超过35字为宜。

在制作微课时,应该做到精简内容,提炼关键信息。也就是说,将描述和解释说明的部分剔除掉,只保留关键性的信息,以保证关键内容被学生注意到。至于内容的解释和描述,教师可以在视频中通过语言进行解释,以引导学生对内容的理解。在归纳内容要点时,一个页面中的要点最好不要超过5个,如图2.14所示。

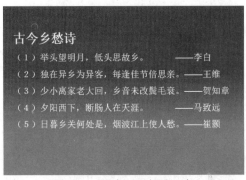

图2.14 要点不要超过5个

在微课视频中如果确实需要展示大量的文字,这些文字不应该放置在一个画面中,应该让文字分批显示。如果在制作微课时使用PowerPoint课件,可以将文字放置在不同的幻灯片中,如图2.15所示;也可以在幻灯片中让文字以动画方式分批显示,如图2.16所示。

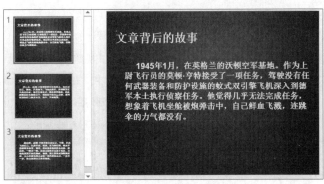

图2.15 将文字放置到不同的幻灯片中

如果文字是在视频录制完成后添加,也可以使用分屏的方式进行显示。例如在使用Camtasia Studio录屏后,运用Camtasia Studio编辑器对视频进行编辑。文字按段落或要点创建不同的文字标注,将这些标注文字依次放置到轨道上,使它们分开显示,如图2.17所示。

2. 文字的字体和大小

对于文字而言,影响文字外观的第一要素是字体。在一般情况下,特殊的微课视频需要

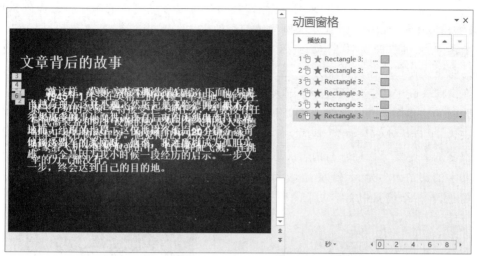

图 2.16　运用动画来实现文字分批显示

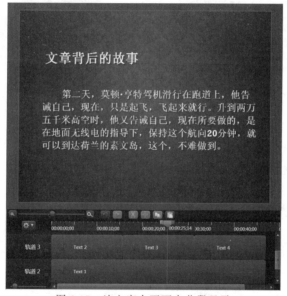

图 2.17　让文字在画面中分段显示

应用特殊的文字字体，例如针对低年级儿童的微课视频的文字可以使用适合儿童特征的字体。一些美术或书法类微课视频中需要展示文字的字形，可以使用一些书法字体，如图 2.18 所示。

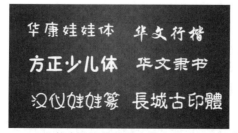

图 2.18　一些符合儿童特征的字体和常见的书法字体

在一般情况下，没有特殊要求时，在微课视频中可以考虑使用的字体包括微软雅黑、黑体、宋体和楷体等，如图 2.19 所示。画面中使用的字体不要过多，最多不要超过 3 种。注意字体的搭配，例如标题文字使用微软雅黑字体而正文文字使用宋体，也可以采用标题文字使用黑体而正文使用楷体的搭配方案。

在微课视频中，文字不宜过大，过大的文字会占据过大的面积，既影响信息传递的量，也影响画面的协调性。微课视频中的文字也不能过小，过小的文字将使学生产生阅读的困难。一般来说，文字大小确定的原则是文字能够保证正常的信息传递，让学生能够无困难地接受。文字的大小要考虑标题与内容的区分，一般来说，视频中标题文字的大小为 44 磅左右，一级文字的文本大小为 32 磅左右，二级文本的大小为 28 磅左右，如图 2.20 所示。这里要注意的是，在一个场景中文字大小的反差不宜过大，一般应该控制在 ±20 磅以内。

图 2.19　微课视频中常用的字体

图 2.20　微课视频中文字的大小

3. 文字的颜色

在微课视频中，文字颜色对文字内容的显示效果的影响很大。文字颜色的确定应该充分考虑视频背景的颜色，一般来说，背景颜色应该与文字颜色形成对比，这样才能保证文字内容的显示效果。例如，在视频中可以使用白底黑字或黑底白字。为了醒目，文字的颜色也可以使用红色或黄色，但这两种颜色不宜作为画面的主色调使用。在视频中，可视度清晰的 10 种色彩搭配方案如图 2.21 所示，读者可以根据实际情况来选择。

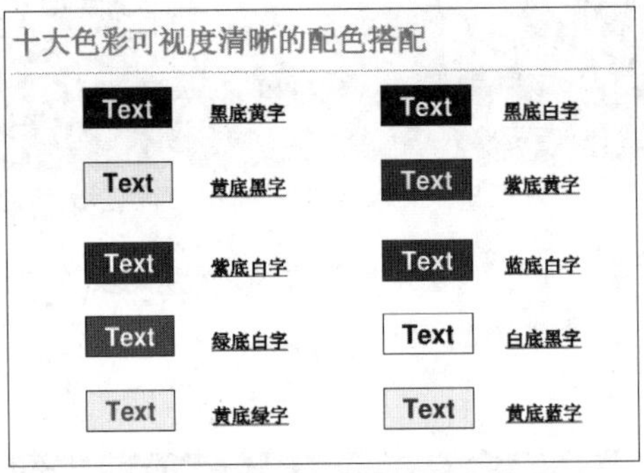

图 2.21　可视度清晰的色彩搭配

这里要注意的是，视频中文字的颜色不要过多、过滥，否则不仅不会增强视觉效果，还会适得其反，让画面显得花哨，反而影响学生的观看。一般来说，文字的颜色要与视频的整体颜色风格保持协调，画面中文字和背景的颜色不要超过 3 种。

4. 文字的排版

在微课视频中使用文字，应该避免造成画面排版混乱的情况出现，比较常见的问题是使用多种不同字体、颜色过多过滥和不恰当的文字排版方式。解决这种问题的思路实际上很简单,那就是尽可能统一字体、使用统一的颜色、应用恰当的文字版式。

文字排版最基本的要求是对齐,文字对齐能够保证文字的排列有序,包括文字与文字对齐和文字与画面中其他元素之间的对齐。对齐不一定是完全要左对齐或右对齐,也可以按照一定的线条方向进行对齐。在罗列文字要点时,可以在对齐的文字的前面添加序号或项目符号。同时,可以考虑使用线条划分出区域获得将内容分栏的效果,文字在栏中对齐排列,看上去会更有条理。在如图2.22所示的视频画面中,使用线条将画面分割为两栏,文字使用与线条对齐的方式。

另外,在安排文字时,应该注意留白的问题。这里的留白包括两方面的内容,一是画面的留白,即文字在视频画面中应该与边界保持一定的间距,不要放置到画面的边界处;二是文字如果放置在背景框中,也应该与框架的边界保持一定的空白距离。如图2.23所示,标题"听泉"和文本框中的文字"探究"都存在着留白不足的问题。

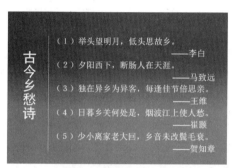

图 2.22　文字的对齐

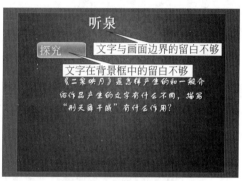

图 2.23　文字留白不足

在视频画面中,保留足够的行距是很重要的,否则文字堆积在一起很难看清楚。一般情况下,在使用 PowerPoint 制作微课课件时,可以将文字的行距设置为 1.5 倍至 2 倍行距,如图 2.24 所示。另外,如果将文字分了段,一定要记住段落间距要大于行间距。

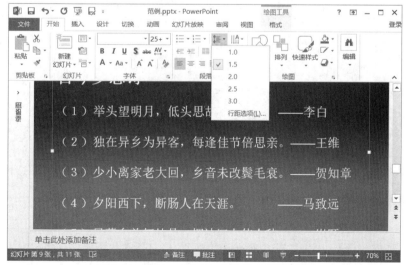

图 2.24　在 PowerPoint 中设置文字的行距

2.3.2 微课视频中的图片

图片是传递信息的一种重要方式，同时也是美化视频画面的一个重要元素。微课视频重在视觉演示，图片是其中不可或缺的组成部分。在视频中，图片的特点是具有高度的暗示性和象征性，能够快捷地传递信息和表达情感。好的图片能够快速地抓住学生的注意力，让学生产生强烈的感受。

1. 如何获取图片

图片的获取有很多方式，如可以使用数码相机或智能手机直接进行拍摄，也可以使用截图软件来截取计算机屏幕上的图像。计算机上的截图软件比较多，推荐使用 Snagit。该软件（以 Snagit 12 版本为例）的界面如图 2.25 所示。

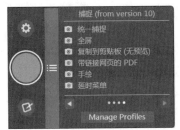

图 2.25　Snagit 12 的界面

Snagit 是一个功能强大的截屏软件，其可以捕获 Windows 屏幕，能够截取各种视频的播放画面和游戏画面，能够截取菜单、程序窗口和屏幕上的各种规则或不规则的区域内的内容。另外，Snagit 还可以捕获文本、滚动窗口中的内容和带链接内容的 PDF 等内容。Snagit 提供了对常用图像文件格式的支持，截取的图片可以保存为 BMP、PCX、TIF、PNG 或 JPEG 等多种文件格式，同时也可以将截取的内容置入系统剪贴板或直接导入 PowerPoint 中。Snagit 自带了一个编辑器，使用该编辑器能够对图片进行编辑，如添加标注、对截图进行裁剪和添加特效等，如图 2.26 所示。

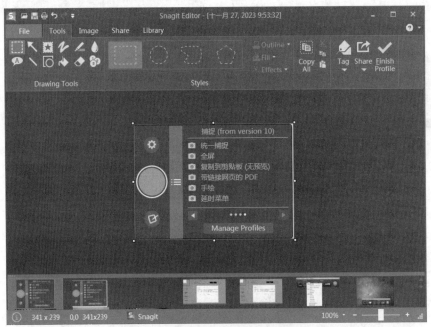

图 2.26　Snagit 自带的图像编辑器

随着互联网的发展，网络上蕴含着丰富的资源，也包括图片资源。如果想从网络上获得资源，除了可以到一些专业的图片网站去寻找之外，一种常见的方法就是使用百度的图片搜索引擎。使用浏览器打开百度的首页,将鼠标指针放置到"更多"选项上,在打开的列表中选择"图片"选项,如图2.27所示。此时即可打开百度图片搜索页面,在页面中的文本框中输入搜索关键字,如图2.28所示。单击"百度一下"按钮,即可获得搜索结果,如图2.29所示。在页面中单击需要使用的图片选项,可以在新页面中打开该图片。这里建议大家选择"另存为"命令将图片保存到计算机后再使用,不要使用复制粘贴的方法从网页上将图片直接添加到视频中。

图2.27 选择"图片"选项

图2.28 输入搜索关键字

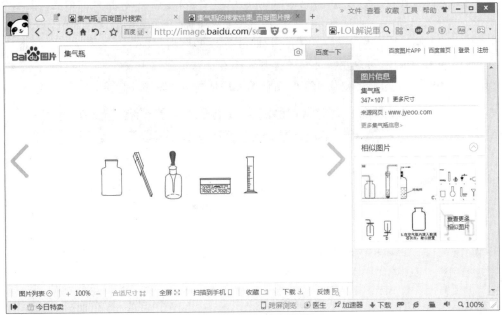

图 2.29 获得搜索结果

2. 在图片使用中需要注意的问题

图片是视频中除了文字之外的一种最为常见的元素,在使用图片时首先应该注意避免出现变形失真的情况。在使用图片时,为了照顾版面会将图片放大,有时甚至会放大多倍,有时又会将图片拉长或拉宽,这些操作都会极大地改变图片的外观,造成图片模糊和失真,让图片看上去不舒服、不真实,影响视频的效果,如图 2.30 所示。

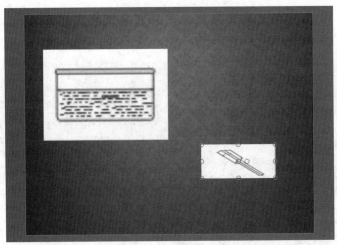

图 2.30 图像变形失真

在视频中,可以使用的图片种类很多,可以是拍摄的照片,也可以是绘制的图形,有的以线条为主,有的以色块填充。不论图片的风格如何,在一个微课视频中,应该保持图片的风格一致,不论是图片的类型还是修饰的方式都应该保持一致,同时图片也应该和整个视频的风格统一。在如图 2.31 所示的视频画面中,两张图片均使用了黑白图像而且使用了相同的边框和阴影效果,它们的外观风格一致,并且与画面主题相符。

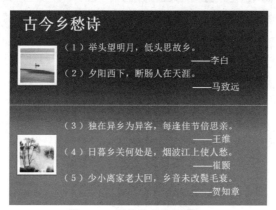

图 2.31　图片的风格要统一

另外要注意,在微课视频中使用图片的目的是激发学生的学习兴趣,方便学生理解知识,因此图片的使用要适度,图片的数量不宜过多。在使用图片作为视频的背景时,图片不要过于花哨,更不要使用与微课主题无关的图片。

2.3.3　微课视频中的声音

声音是视频中的一个重要的组成元素,与文字和图片相比,声音更能够影响学生的学习情绪。无论是使用声音来营造学习氛围,还是使用声音来传递信息和表达情感,微课视频中的声音都应该得到重视。

在微课视频中,最为常见的声音是授课者的语音解说,其作用是使用声音为学生提供学习内容,让学生获得听觉上的信息。同时,对于音乐类或语言类的微课,声音起到一种标准化的示范作用,如英语微课视频中教师的朗读语音。

在微课视频中,音乐的使用不是必需的,如讲解类微课视频就不需要音乐,使用音乐反而干扰了学生的学习。使用音乐可以起到渲染情境、为学生创设真实场景的作用以及渲染气氛的作用。例如,在视频的有趣之处使用轻盈欢快的音乐,感人的故事使用节奏缓慢的音乐,引发思考的内容使用清新淡雅的音乐。在微课视频中,虽然插入音乐能使视频更加完美,但音乐的使用要适度,要合乎教学情境。在视频中音乐可以选择一首曲目循环播放,也可以选择 2~3 首曲目按顺序播放直至视频结束。但要注意,插入的音乐的音量不能过大,也不可以使用嘈杂的摇滚音乐,在一段视频中也不要使用多个曲目。

获取声音素材的方式一般有两种,一种方式是通过网络获取。音乐文件比较容易收集,可以使用百度音乐搜索引擎进行搜索,如图 2.32 所示。

第二种方式就是自己录制。使用计算机录音,可用的软件很多。如果对录音要求不高,可以使用 Windows 自带的录音机程序,其操作简单,既可以使用麦克风录制语音,也可以录制系统声音,如图 2.33 所示。录音也可以使用一些第三方的录制软件,如 Goldwave 和 Adobe Audition 等。实际上,很多录屏软件也具有录音功能,如本书介绍的 Camtasia Studio,其自带的录像机具有声音录制功能,如图 2.34 所示。

对于教师来说,制作课件使用最多的就是 PowerPoint,实际上 PowerPoint 同样具有录音功能,但是 PowerPoint 录制的声音是直接插入幻灯片中用于幻灯片放映时播放,录音是

图 2.32 使用百度搜索引擎搜索

图 2.33 Windows 自带的录音机

无法直接导出的。从 PowerPoint 2007 开始 PowerPoint 使用了全新的 PPTX 文件格式,这种文件格式实际上是借助 Zip 压缩技术对文档进行保存的 OpenXML。利用这一特点,用

图 2.34　Camtasia Studio 录像机带有声音录制功能

户也可以直接使用 PowerPoint 来录制需要的声音并获取声音文件。这样，对于普通教师来说，无须使用其他录音软件，直接使用熟悉的 PowerPoint 就可以进行录音了。这里以 PowerPoint 2016 为例来介绍具体的操作方法，该方法对于 PowerPoint 2007 和 PowerPoint 2010 同样适用。

（1）启动 PowerPoint 创建一个空白文档，这里不需要对文档进行任何操作。打开"插入"选项卡，在"媒体"组中单击"音频"按钮，在打开的列表中选择"录制音频"选项，如图 2.35 所示。此时将打开"录制声音"对话框，在对话框的"名称"文本框中输入录音名称，单击对话框中的"录音"按钮开始录音，如图 2.36 所示。完成录音后单击对话框中的"停止"按钮停止录音。单击"确定"按钮关闭对话框，录制的声音将插入当前的幻灯片中。

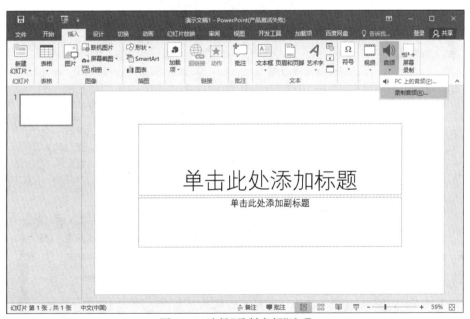

图 2.35　选择"录制音频"选项

图 2.36　"录制声音"对话框

(2) 将演示文稿保存到指定的位置,文档的保存类型为.pptx,如图 2.37 所示。打开 Windows 的资源管理器找到保存的 PPTX 文件,将其扩展名更改为.zip。此时 Windows 会给出"重命名"提示对话框,直接单击对话框中的"是"按钮确认更改,如图 2.38 所示。

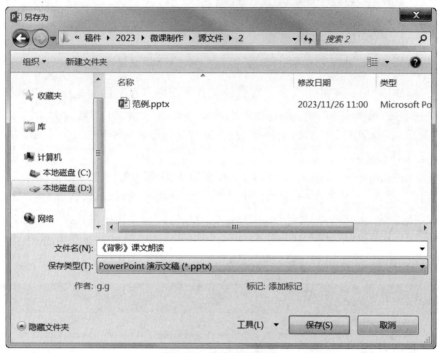

图 2.37 保存演示文稿

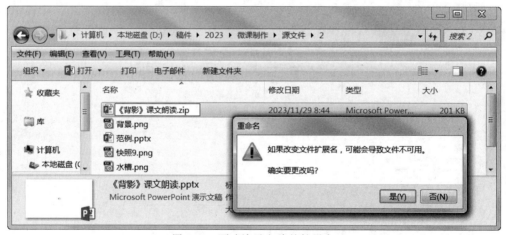

图 2.38 更改演示文稿的扩展名

(3) 由于当前主流的 Windows 系统都已经提供了对 Zip 压缩文件的支持,所以这里无须使用第三方的解压缩程序,直接使用 Windows 自带的资源管理器就可以打开这个 Zip 文件。在这个 Zip 包中打开 ppt 文件夹下的 media 文件夹,在该文件夹中包含了录制的声音文件,该文件是 WMA 格式的音频文件,如图 2.39 所示。将这个文件从 Zip 包中复制到指定的文件夹中,就可以获得需要的录音文件。

第 2 章　微课视频制作的基础　　31

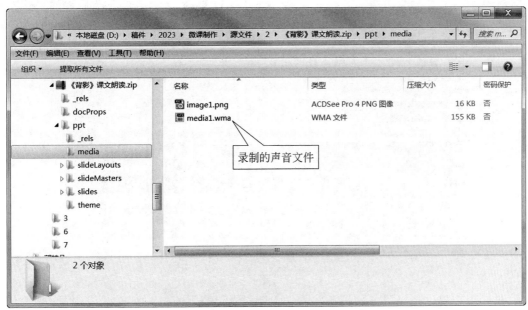

图 2.39　Zip 包中包含了录制的声音文件

2.3.4　微课视频中的视频

在教学中,视频具有直观、形象和生动的特质,能够直接、如实地传达事物及其所处环境的特征。微课视频的制作以根据授课的需要自己录制为主,但也不排除在微课视频中使用某些视频素材的可能。

1. 获取视频素材

视频素材可以使用摄像机或手机等摄录设备进行录制,随着互联网的发展,视频网站也已经兴起,网络上的各种教学视频素材越来越多,用户可以使用百度搜索引擎来搜索需要的视频素材,如图 2.40 所示。

图 2.40　搜索视频素材

图 2.40 （续）

虽然现在提供视频服务的网站很多，但大多数网站上的视频只能在线观看，并没有提供下载的服务。获取视频最实用、最有效的方法就是使用屏幕录制软件直接进行录制。方法是首先使用百度搜索到需要使用的教学素材视频并在浏览器中打开它，然后使用屏幕录制软件录制视频画面。例如使用 Camtasia Studio 录制网页中播放的视频，如图 2.41 所示。

图 2.41　使用 Camtasia Studio 录制网页中播放的视频

2. 转换视频格式

视频文件的格式众多，常见的视频文件格式有 RMVB、MP4、FLV、AVI 和 WMV 等。

将视频素材应用于微课视频中,有时需要对视频素材的格式进行转换,使其能够得到制作微课视频的视频编辑软件的支持,例如后面章节将要介绍的 Camtasia Studio 编辑器就不支持 RMVB 和 RM 格式的视频文件。

转换视频文件的格式可以使用两种方法,一种方法是使用录屏软件(如 Camtasia Studio)录制视频,然后将录制的视频导出为需要的视频文件格式。

第二种方法是使用专用的视频格式转换软件,这类软件很多,可以从网络搜索获得,比较简单实用的如 Total Video Converter 和格式工厂等。其中,Total Video Converter 能够读取和播放各种视频和音频文件并且将它们转换为流行的媒体文件格式,该软件内置了一个强大的转换引擎,能够快速地进行文件格式的转换。该软件能够支持当前主流的视频和音频格式,并且具有常用的编辑功能,如图 2.42 所示。

图 2.42　Total Video Converter 软件界面

实际上,当前一些主流的媒体播放器(如暴风影音和 QQ 影音等)都具有视频转码功能,能够方便地转换视频格式。下面以 QQ 影音为例来介绍转换视频格式的具体操作方法。

(1) 启动 QQ 影音并打开需要转换格式的视频,单击播放窗口中的"影音工具箱"按钮,在打开的列表中选择"转码"选项,如图 2.43 所示。

(2) 此时将打开"音视频转码"对话框,在该对话框中单击"添加文件"按钮打开"打开"对话框,在该对话框中可以指定多个需要同时转码的音视频文件。在"输出设置"栏中设置转码的目标格式并设置转码后文件"保存到"的目标文件夹,如图 2.44 所示。单击"参数设置"按钮打开"参数设置"对话框,使用该对话框可以对视频格式进行详细的设置,如图 2.45 所示。

图 2.43 选择"转码"选项

图 2.44 "音视频转码"对话框

（3）完成设置后单击"音视频转码"对话框中的"开始"按钮开始转码操作，此时在对话框中将显示视频文件格式转换的进度和剩余时间，如图 2.46 所示。格式转换后的文件保存在指定的文件夹中。

图 2.45 "参数设置"对话框

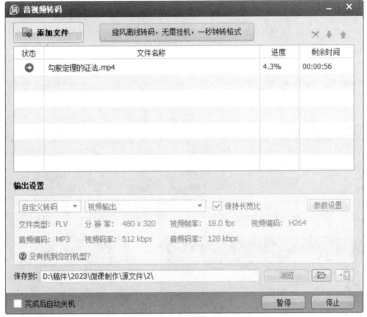

图 2.46 开始格式转换

3. 视频的简单编辑

主流的视频编辑软件(如 Adobe Premiere)因为专业性强且功能强大,一般都比较复杂,需要用户经过不断地学习实践才能掌握。但是对于视频素材的编辑操作,一般都只涉及常用的操作,如视频片段的裁剪和合并等操作,这些操作相对简单,很多软件都能胜任。

"Windows 影音制作"是微软公司出品的一款简单的数字视频编辑工具。该工具在转场、特效及字幕等方面提供了基本的支持。它预置了多种视频效果、过渡效果和片头或片尾动画模板,用户可以方便地选择使用。用户通过一些简单的拖放操作即可完成从捕获视频、编辑制作、添加特效直到最后输出成影片这一系列的视频操作过程,整个电影的制作可以轻松完成,特别适合视频编辑的入门者使用。

微软公司为 Windows 7 开发了一个 Windows 软件包,该软件包中包含了 Microsoft SkyDrive、Messenger 以及照片库和影音制作等实用工具,从微软官方网站可以下载这个软件包,选择其中的"照片库和影音制作",如图 2.47 所示,即可安装 Windows 的照片库和影音制作这两个工具。在完成安装后,打开"Windows 影音制作"这个工具,然后打开视频文件,即可对视频文件进行编辑处理,如图 2.48 所示。

图 2.47 选择安装"照片库和影音制作"

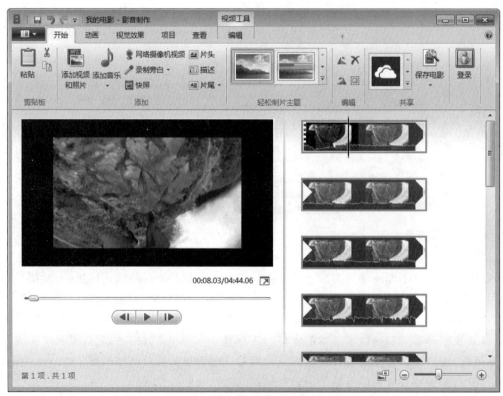

图 2.48 Windows 影音制作主界面

另外,前面介绍的 QQ 影音同样能够对视频进行裁剪,用户可以很方便地从视频中截取需要的视频片段。在 QQ 影音的"影音工具箱"中选择"截取"选项,如图 2.49 所示。此时在视频播放窗口的下方将出现截取工具栏,拖动工具栏上的两个滑块调整截取视频片段的位置。完成设置后单击"保存"按钮,如图 2.50 所示。此时将打开"视频/音频保存"对话框,使用该对话框可以设置视频/音频片段保存的格式、文件名和保存的位置,如图 2.51 所示。

图 2.49　选择"截取"选项

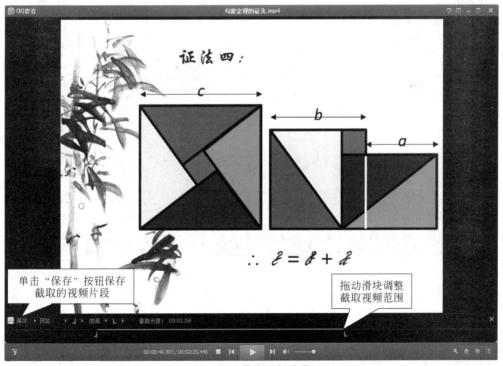

图 2.50　截取视频片段

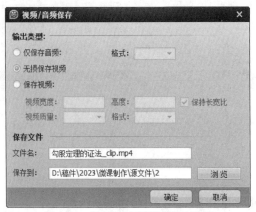

图 2.51 "视频/音频保存"对话框

在 QQ 影音的"影音工具箱"中还提供了将多个视频合并为一个视频的工具,如图 2.52 所示。在打开的"音视频合并"对话框中单击"添加文件"按钮打开"打开"对话框,使用该对话框选择需要合并的视频文件,如图 2.53 所示。单击"打开"按钮将要合并的视频文件添加到"音视频合并"对话框的列表中,在"输出设置"栏中单击"自定义参数"按钮,打开"参数设置"对话框设置合并输出文件的格式和各项参数,如图 2.54 所示。完成参数设置后,指定输出文件的文件名和保存的位置,单击"开始"按钮即可实现视频的合并。

图 2.52 选择"合并"选项

在使用录屏软件录制微课时,录制视频往往需要进行编辑处理,这样一款带有视频编辑功能的录屏软件就显得特别重要。当前在制作微课视频时,同时具有录屏和编辑功能且功能比较强大的软件就是后面将要介绍的 Camtasia Studio,其能够方便地实现录屏,同时还能对视频进行编辑。Camtasia Studio 视频编辑器的功能强大,不仅能够实现视频和音频的

图 2.53　选择需要合并的文件

图 2.54　设置输出文件的参数

裁剪与合并等常规操作,还能在视频中添加文字、图形、图片以及各种特殊的视频效果,其操作简单,但功能直逼专业的视频编辑软件。

2.3.5　使用 PowerPoint 制作微课视频

在制作课件时,教师可以使用 PowerPoint 充分地整合图片、图形、视频和 Flash 动画等教学资源,使用 PowerPoint 的旁白功能录制微课视频中必不可少的教师讲解,使用 PowerPoint 动画功能来模拟各种实验现象。在 PowerPoint 中完成课件的制作后,教师播放课件,使用录屏软件录制播放的内容,从而获得微课视频。

从 PowerPoint 2010 开始,PowerPoint 可以直接将演示文稿输出为 MP4 和 WMV 格式的视频文件,这样使得 PowerPoint 也可以用来制作微课视频。下面以 PowerPoint 2016 为例来介绍具体的制作方法。

（1）启动 PowerPoint 2016，完成课件的制作。在 PowerPoint 程序窗口中单击"文件"标签打开"文件"窗口，在左侧列表中选择"导出"选项。此时在窗口中间的"导出"列表中选择"创建视频"选项，在右侧出现的"创建视频"栏中对视频的创建进行设置。这里首先设置视频的输出质量，视频的输出质量决定了视频文件的大小，如图 2.55 所示。

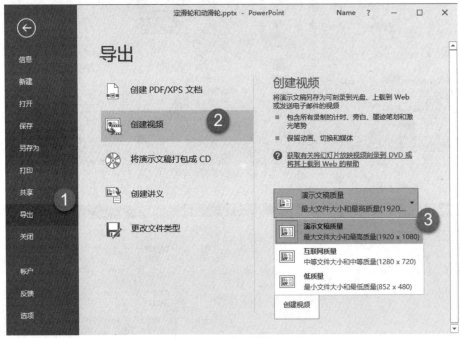

图 2.55　设置视频的输出质量

（2）视频在播放中是无法实现交互的，因此在输出视频时需要设置幻灯片的换片时间。可以通过设置每张幻灯片的显示时长来实现自动换片，在"放映每张幻灯片的秒数"微调框中输入时间值可以设置每张幻灯片在视频中播放的时长，如图 2.56 所示。

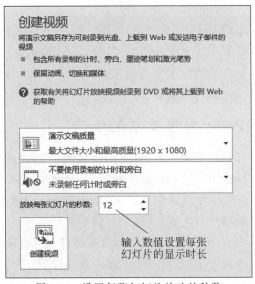

图 2.56　设置每张幻灯片放映的秒数

（3）单击"创建视频"按钮打开"另存为"对话框，指定视频保存的文件夹、文件名和视频文件的格式。PowerPoint 只能产生 MP4 和 WMV 文件格式，如图 2.57 所示。完成设置后单击"保存"按钮即可将演示文稿输出为视频文件。

图 2.57 "另存为"对话框

上面介绍的制作微课视频的方法有其局限性，由于在"放映每张幻灯片的秒数"微调框中输入了每张幻灯片放映的时间，在视频中每张幻灯片都将按照设置的这个时长来放映。这种方式对于每张幻灯片内容需要展示的时间都相同的视频是可以的，但是对于微课视频来说，很多时候在不同场景中所展示的内容需要显示的时长是不同的。画面中的文字内容多，需要展示的时长就会长一些，若画面仅是一个过渡，则该画面停留的时间就不宜过长。如果要解决这个问题，需要在将课件输出前按照视频放映的需要为文档设计好排练计时，以安排好每张幻灯片在视频中停留的时间。

（1）在完成课件制作后，打开"幻灯片放映"选项卡，在"设置"组中单击"排练计时"按钮，如图 2.58 所示。

（2）此时将进入幻灯片放映视图，在视图中将出现一个"录制"工具栏，在该工具栏中显示演示文稿放映的总时间和当前幻灯片的放映时间，如图 2.59 所示。按照每张幻灯片放映时长的要求手动切换幻灯片。

（3）在完成整个演示文稿的放映后，PowerPoint 会给出提示对话框，单击对话框中的"是"按钮保存放映计时，如图 2.60 所示。打开"视图"选项卡，在"演示文稿视图"组中单击"幻灯片浏览"按钮进入幻灯片浏览视图，此时就可以看到每张幻灯片的播放时长，如图 2.61

图 2.58　单击"排练计时"按钮

图 2.59　幻灯片放映时出现"录制"工具栏

所示。

(4) 很多时候,在进行了一次排练计时后,需要对某些幻灯片的播放时长进行修改。此时可以选择需要进行时长修改的幻灯片,打开"切换"选项卡,在"计时"组的"设置自动换片时间"微调框中输入数值更改幻灯片的播放时间,如图 2.62 所示。

(5) 完成设置后打开"文件"窗口,在对创建的视频进行设置时选择"使用录制的计时和旁白"这个选项,如图 2.63 所示。这样,演示文稿输出为视频后将按照排练计时来播放每一张幻灯片。

在制作微课视频时,需要教师的讲解和教师的板书。在使用 PowerPoint 2016 制作微课视频时,可以直接录制旁白和授课教师的板书。具体的操作方法如下。

(1) 打开"幻灯片放映"选项卡,在"设置"组中单击"录制幻灯片演示"按钮后面的小三

图 2.60 PowerPoint 给出提示对话框

图 2.61 查看幻灯片的播放时长

角 ,在打开的列表中选择"从头开始录制"选项,如图 2.64 所示。

(2) 此时将打开"录制幻灯片演示"对话框,在该对话框中勾选需要录制的内容。这里应该选中"旁白和激光笔"复选框,以录制旁白和用激光笔在屏幕上做勾画,如图 2.65 所示。单击"开始录制"按钮,PowerPoint 将进入幻灯片放映视图,语音旁白和屏幕上的勾画都将被记录下来。

图 2.62 设置单张幻灯片的播放时长

图 2.63 选择"使用录制的计时和旁白"选项

图 2.64 选择"从头开始录制"选项

图 2.65 "录制幻灯片演示"对话框

2.4 本章习题

一、填空题

1. 微课视频制作的方式很多，最常见的是_____和_____这两种方式。
2. 微课视频确定选题的原则是_____、_____、_____、_____和_____。
3. 微课视频的评价包括四方面，它们是_____、_____、_____和_____。

二、选择题

1. PPTX 文件格式是以（　　）技术进行压缩的。
   A. Zip B. RAR
   C. 7Z   D. MPEG

2. 如图 2.66 所示的 QQ 影音工具箱中，（　　）功能能够实现视频格式的更改。

3. PowerPoint 2016 演示文稿能够输出为（　　）视频文件格式。
   A. *.avi B. *.flv
   C. *.mp4 D. *.rmvb

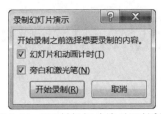

图 2.66 QQ 影音工具箱

2.5 上机练习

练习 1 上网查找与氧气制法有关的教学素材

主要操作步骤提示：
（1）使用百度搜索引擎查找有关的文字、图片和视频。
（2）将它们保存到本地计算机。

练习 2 使用 PowerPoint 2016 制作一个微课视频

主要操作步骤提示：
（1）使用 PowerPoint 2016 制作课件。
（2）使用 PowerPoint 2016 录制旁白并设置放映时间。
（3）将演示文稿输出为视频文件。

第 3 章 初识 Camtasia Studio 2019 软件

Camtasia 作为屏幕录制和视频编辑一体式软件，为教育、企业和短视频创作者提供简便、灵活的视频制作平台。目前流行于抖音、快手、视频号、网易云课堂、B 站等视频平台的微课堂教学视频，大多是使用 Camtasia 制作的。此外，它还具有即时播放和编辑压缩的功能。Camtasia 输出的文件格式有很多，除了常用的 MP4、WMV、AVI 及 GIF 格式，还能输出纯音频的 M4A 格式。Camtasia Studio 2019（简称 Camtasia 2019）在易用性上更进一步，再一次降低了非专业人士制作精美视频的门槛。教师以及培训机构使用 Camtasia 软件可以轻松地对编辑对象进行录像配音、视频剪辑、设置转场动画、添加说明、添加字幕、添加水印、整合测验和调查等操作，Camtasia Studio 2019 还可以制作电子相册以及剪辑微电影等。

本章主要内容：
- Camtasia Studio 2019 的工作界面
- 画布
- 工具箱
- 时间线

3.1　Camtasia Studio 2019 的工作界面

Camtasia Studio 2019 的工作界面简洁、清晰，没有复杂的菜单结构，资源和效果的添加只需拖动鼠标即可实现。Camtasia Studio 2019 拥有丰富的媒体库资源，强大的动画、转场效果及视觉特效，兼有添加字幕和旁白的功能。下面介绍 Camtasia Studio 2019 的界面组成及各项功能。

Camtasia Studio 2019 的工作界面由一个菜单栏、3 个编辑功能区（时间线、画布、工具箱）、两个信息栏（标题栏、用户账号栏）以及"录制"按钮、"下载"按钮、"分享"按钮、视频预览按钮、属性面板等组成，如图 3.1 所示。

- 菜单栏：包括文件、编辑、修改、视图、分享和帮助菜单项。单击菜单名打开相应的菜单，在菜单中包含各种可执行的命令。
- 标题栏：显示软件名和当前文档的名称。
- 用户账号栏：显示在 Camtasia 官网注册的用户账号。
- "录制"按钮：单击该按钮打开 CamRecorder 工作窗口，开始录制。
- 画布工具栏：用于对画布及媒体进行移动、裁剪、调整大小等操作。

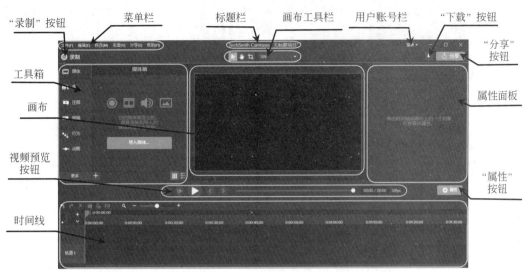

图 3.1　Camtasia Studio 2019 的工作界面

- "下载"按钮：单击该按钮，选择"下载更多资源"，在打开的 Techsmith 资源网站上下载视频、音频、图片等资源。
- "分享"按钮：生成在时间线上编辑完成的视频文件，并将其分享至本地文件夹、网站或 YouTube 等中。
- 工具箱：存放导入的媒体文件和对媒体编辑加工时使用的工具。
- 画布：随时查看媒体编辑后的效果。
- 属性面板：设置媒体的视觉属性、文本属性以及注释属性。
- 视频预览按钮：对时间线上的媒体进行播放、暂停以及切换到上一帧、下一帧、上一媒体、下一媒体等操作，同时显示所预览媒体已播放的时长与总时长，以及目标捕获帧率。
- 时间线：也称时间轴，是媒体的编辑区域，大量的媒体处理工作都在时间线上进行。

3.2　画　　布

画布实质上是预览窗口的背景，相当于投影幕布，在编辑媒体时可以通过预览窗口观看编辑效果。画布编辑区域包含画布工具栏、预览窗口、画布、视频预览按钮四部分。

3.2.1　画布工具栏

画布工具栏由编辑、平移、裁剪、画布选项四部分组成，如图 3.2 所示。

- 编辑：对画布上的媒体进行移动、调整大小和旋转操作。

图 3.2　画布工具栏

- 平移：可随意移动画布的位置，以获得最佳视图效果。
  画布移动时媒体在画布上的位置和大小是不变的。画布在平移模式下不能被编辑。
- 裁剪：该模式具备编辑模式的所有功能，还可以裁剪媒体不需要的区域。在此模式下，画布上媒体的周围有边框线和方句柄，用鼠标调整方句柄，实现媒体区域的部分裁剪,如图3.3所示。在编辑模式或平移模式下,按住Alt键也可以切换到裁剪模式。

图3.3 裁剪媒体的部分区域

- 画布选项:调整画布缩放级别以及对画布进行设置,包含"适合""25%""50%""75%""100%""200%""300%""分离画布""项目设置"9个选项。

3.2.2 画布的设置

画布的设置主要包括对画布的规格、背景颜色、帧率等进行设置。

1. 调整画布的规格

单击"画布选项"后面的小三角，选择"项目设置"选项,打开如图3.4所示的"项目设置"界面,在该界面中可以对画布的规格、背景颜色、帧率等进行设置。单击"画布规格"后面的小三角会显示不同规格,如果是宽屏的微课视频,通常选择高清视频规格1080p HD(1920×1080)。

用户也可以自定义画布规格。在"画布规格"下拉列表中选择"自定义"选项,单击"宽度"和"高度"微调框中的数字,然后输入具体的数值即可。

在图3.5中可以看到"宽度"和"高度"尺寸之间的"锁"亮着,代表修改其中一个数值,另一个数值也会按比例进行修改。单击"锁","锁"的颜色变暗,可以不按比例修改画布的尺寸。

图3.4 "项目设置"界面

图3.5 选择"自定义"选项

2. 调整画布的背景颜色

单击"项目设置"界面中"颜色"右侧的色块,在颜色面板中选择颜色,或者使用"从图像中吸取颜色"工具吸取颜色,以此来修改画布的背景颜色。另外,还可以通过"模式"修改 RGB 数值或者在"十六进制"后的文本框中输入颜色代码来修改画布的背景颜色,如图 3.6 所示。

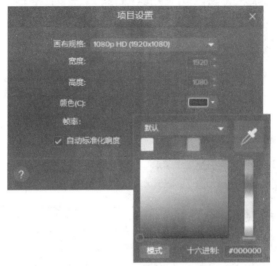

图 3.6　调整画布的背景颜色

3. 分离画布

在微课编辑过程中将画布从主界面分离出来,可以方便用户观看整体编辑效果。在画布工具栏中单击"画布选项"后面的小三角 ,选择"分离画布"选项,如图 3.7 所示,画布将从 Camtasia 编辑器窗口中脱离出来,成为独立的窗口。此外,在画布上右击鼠标,在弹出的如图 3.8 所示的快捷菜单中选择"分离画布"命令,也能实现画布的分离。

图 3.7　"画布选项"中的"分离画布"选项

拖动分离后的画布到合适的位置并调整好大小,就完成了画布的分离,效果如图 3.9 所示。分离后的画布可以继续进行编辑操作。

画布回到主界面位置的方法有 3 种,单击主界面画布位置的"重新附加画布"按钮

图 3.8　在画布上右击鼠标选择"分离画布"命令

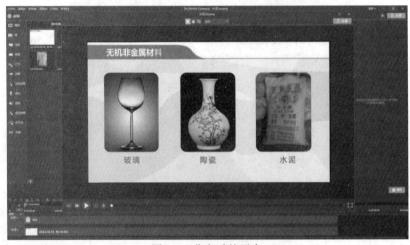

图 3.9　分离后的画布

重新附加画布，或在已分离的画布上右击鼠标，选择"附加画布"命令，也可以直接单击分离画布窗口右上角的"关闭"按钮。

3.2.3　画布上的操作

拖放到画布上的媒体可以进行移动、调整大小、旋转、自适应缩放、改变叠放顺序、组合等操作。接下来对自适应缩放、改变叠放顺序、组合的操作方法进行介绍。

1. 自适应缩放

如果导入画布上的媒体和画布不贴合，四周会出现黑边，画面不能充满画布。在这种情况下，可以在媒体上右击鼠标，选择"自适应缩放"命令，将媒体自动缩放，让画面充满画布，图 3.10 是应用"自适应缩放"前后的效果对比。

2. 叠放顺序

当画布上放置两个以上的媒体时涉及媒体的叠放顺序。调整媒体的叠放顺序的命令有"置于顶层""上移一层""向后发送""发送以返回"，如图 3.11 所示。

- 置于顶层：在选中的非顶层媒体上右击鼠标，选择"排列"命令，在其下级菜单中选

图 3.10　应用"自适应缩放"前后的效果对比

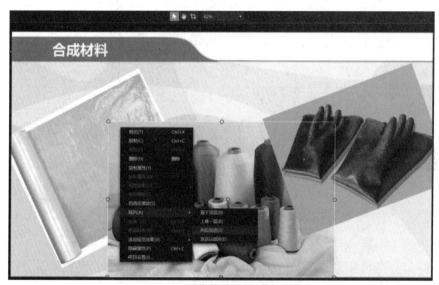

图 3.11　调整媒体的叠放顺序的命令

择"置于顶层"命令,该媒体移动至顶层。
- 上移一层:在选中的非顶层媒体上右击鼠标,选择"排列"命令,在其下级菜单中选择"上移一层"命令,该媒体向上移动一层。
- 向后发送:在选中的非底层媒体上右击鼠标,选择"排列"命令,在其下级菜单中选择"向后发送"命令,该媒体在当前位置向下移动一层。
- 发送以返回:在选中的非底层媒体上右击鼠标,选择"排列"命令,在其下级菜单中选择"发送以返回"命令,该媒体移动至最底层。

3. 媒体的组合

制作复杂形状或多图同时动作都可以使用组合,也可以将组合的对象取消组合,使用"组合"命令能避免重复操作,组合的媒体既可在画布上操作,也可在时间线上操作。

画布上媒体的组合与取消组合的操作方法如下所述,首先选中画布上所有需要组合的媒体,然后在任一选中的媒体上右击鼠标,选择"组合"命令,媒体将组合成一个对象。在已组合的媒体对象上右击鼠标,选择"取消组合"命令,可以将该组合媒体拆分为多个对象,如图 3.12 所示。

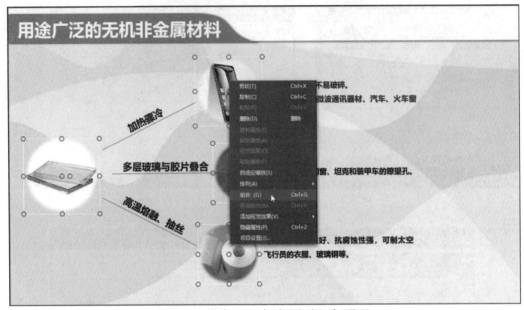

图 3.12 媒体的"组合"与"取消组合"界面

时间线上媒体的组合与取消组合的操作如下所述,按住 Ctrl 键选中需要组合的媒体,执行与上述同样的步骤,实现媒体的组合或取消组合。

4. 移动、裁剪和旋转媒体

(1)选择画布工具栏上的"平移"按钮,当鼠标指针变成抓手形状后按住鼠标左键拖动鼠标移动画布的位置,如图 3.13 所示。

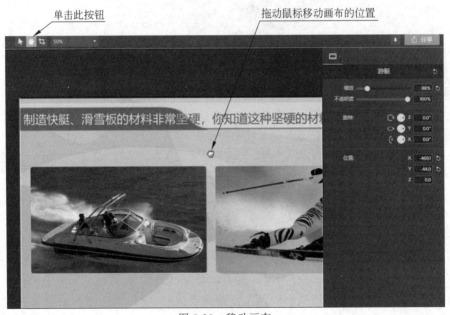

图 3.13 移动画布

(2)选择画布工具栏上的"裁剪"按钮,在需要裁剪的媒体上单击,然后拖动线框上的控制柄对媒体画面在水平和垂直方向上进行裁剪，如图 3.14 所示。

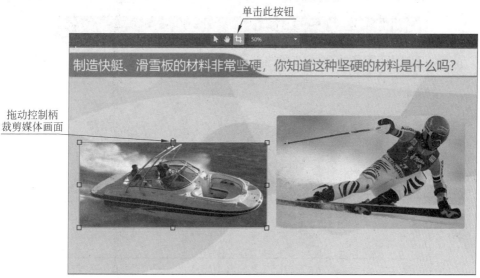

图 3.14　裁剪媒体

（3）选中画布上的媒体，将鼠标指针放置到画面中心右侧的句柄上，句柄变成绿色，按住鼠标左键拖动鼠标旋转媒体，如图 3.15 所示。

图 3.15　旋转媒体

（4）在编辑模式下，可以直接拖动鼠标移动画布上的媒体。在移动媒体时，Camtasia 会根据画面的位置给出黄色参考线，帮助用户精确定位，如图 3.16 所示。

专家点拨：在画布的空白处右击鼠标，弹出一个快捷菜单，选择"放大"/"缩小"命令，画布将放大/缩小 10% 或 15%，再次选择该命令，画布将放大/缩小 15% 或 10%；选择"缩放以填充"命令，Camtasia 会根据当前整体窗口大小调整比例，缩放画面只是为了方便用户观看媒体，不影响最终视频的尺寸；选择"缩放到 100%"命令，画布将缩放到 100%。

图 3.16 移动媒体

3.2.4 视频预览按钮

视频预览按钮用来控制画布上媒体的播放,包括"上一帧""下一帧""播放"/"暂停""上一媒体""下一媒体"等按钮,如图 3.17 所示。

图 3.17 视频预览按钮

- 上一帧 ◁ :快退视频帧,单击后播放头快退至上一帧。
- 下一帧 ▷ :快进视频帧,单击后播放头快进至下一帧。
- 播放/暂停 ▷ / ⏸ :单击后开始播放媒体,再次单击暂停播放。
- 上一媒体 ◁ :单击后播放头快退至上一媒体。
- 下一媒体 ▷ :单击后播放头快进至下一媒体。
- 时间进度滑块 ⬤ :显示播放时间进度。
- 时间 00:38 / 01:37 :显示已播放视频的时长与视频的总时长,时间显示格式为"小时:分"。
- 帧率 30fps :显示帧率,共有 4 个选项,分别为 25、30、50、60。

3.3 工 具 箱

Camtasia Studio 2019 工具箱提供了强大的媒体编辑功能。使用工具箱提供的各种工具,并配合使用画布、时间线等,可以对媒体进行编辑处理,制作出令人满意的视觉效果。

3.3.1 媒体箱

媒体箱用于存储当前项目中的媒体。将媒体箱中的媒体拖放到时间线或画布上,分享后该媒体就存在于最终的视频中。将鼠标指针放置到媒体上能自动显示媒体的名称、大小、持续时间、规格等信息，如图 3.18 所示。

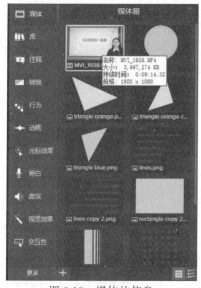

图 3.18　媒体的信息

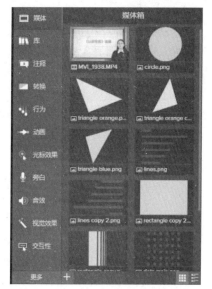

图 3.19　以中图标的方式呈现媒体

在如图 3.18 所示的"媒体箱"界面的下方，各按钮的功能如下。

- ：将媒体添加到媒体箱。
- ：将媒体箱中的媒体以中图标的方式呈现，如图 3.19 所示。
- ：将媒体箱中的媒体以列表的方式呈现，如图 3.20 所示。

在媒体箱中的任一媒体文件上右击鼠标会弹出如图 3.21 所示的快捷菜单，下面对其中的部分命令进行介绍。

图 3.20　以列表的方式呈现媒体

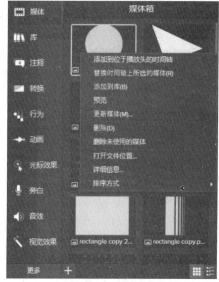

图 3.21　快捷菜单

1. 添加到位于播放头的时间轴

使用鼠标拖动和使用快捷菜单都可以将媒体箱中的媒体置于时间线轨道上播放头所在的位置。

使用鼠标拖动是指在媒体箱中选定一个媒体文件,按住鼠标左键直接将媒体文件拖动到时间线轨道上播放头所在的位置。如果选中多个媒体文件,可以同时把它们拖动到时间线轨道上播放头所在的位置,同一轨道上媒体的排列顺序取决于媒体箱中媒体文件的类型。

使用快捷菜单是指在媒体箱中选中一个或多个媒体文件后在其上右击鼠标,在弹出的快捷菜单中选择"添加到位于播放头的时间轴"命令,所选定的媒体文件就会被添加到时间线轨道上播放头所在的位置。

2. 添加到库

媒体箱中的媒体保存在项目文件中,仅供本项目文件使用;如果供其他项目使用,则需要保存到库中,因为库中的文件是以单独文件的形式存储在计算机磁盘中的,所有使用 Camtasia 软件编辑的项目都可以使用库中的资源。

将媒体箱中的媒体文件添加到库中的方法是,在媒体箱中的媒体文件上右击鼠标,选择"添加到库"命令,在如图 3.22 所示的界面中选择要保存的库,单击"确定"按钮即可将媒体文件添加到库中。

图 3.22 "添加到库"界面

3. 预览

预览媒体箱中媒体文件的方法有两种:一种是在媒体箱中双击某个媒体文件;另一种是在选中的媒体文件上右击鼠标,选择"预览"命令。

4. 更新媒体

对于添加到媒体箱中的媒体文件,如果需要对某个或多个媒体文件进行更换,可以在选中的媒体文件上右击鼠标,选择"更新媒体"命令,在"打开"对话框中选择新的文件将其打开完成更换。

5. 删除

删除媒体指删除媒体箱中选定的媒体文件,在媒体箱中选中的一个或多个媒体文件上右击鼠标,选择"删除"命令,如果媒体文件没有应用于时间线轨道上,则被直接删除;如果媒体文件已应用于时间线轨道上,则提示必须先在时间线上删除后再从媒体箱中删除。

6. 删除未使用的媒体

未使用的媒体指媒体文件只是添加到媒体箱中,并未应用于时间线轨道上,对于这些媒体文件,只需在媒体箱的任意位置右击鼠标,选择"删除未使用的媒体"命令,此类媒体文件将全部删除。

7. 打开文件位置

在媒体文件上右击鼠标,选择"打开文件位置"命令,在"Windows 资源管理器"窗口中显示对应的媒体文件,以此来判定媒体文件在计算机磁盘上的存储位置。

8. 详情

在媒体文件上右击鼠标,选择"详情"命令,可查看媒体文件的详细信息。

9. 排列方式

Camtasia Studio 2019 媒体箱中媒体文件的排列方式有"名称""类型""持续时间""尺寸""规格"和"已添加日期"。

3.3.2 库

库是 Camtasia 存放模板、视频、音频以及图像等媒体素材的容器,用户可以直接从库中将素材取出使用,也可以向库中导入媒体素材。

1. "库"界面

"库"界面包括"库选项""搜索库""媒体文件列表""下载更多资产"四部分。在默认情况下,"库选项"中显示的是 Camtasia 2019 自带的库,如图 3.23 所示。

Camtasia 库分为自带的库和用户库两种。下面对"库"界面进行简单介绍。

1) 自带的库

在媒体文件列表中显示的是 Camtasia Studio 2019 自带的库,它包括片尾、前奏、图标、下三分之一、音乐曲目和运动背景 6 个文件夹,文件夹中存放着相应的资源文件。

打开媒体文件列表中的一个文件夹,双击里面的媒体文件,在预览窗口中播放该媒体文件,如图 3.24 所示。

图 3.23 "库"界面

图 3.24 预览媒体文件

2) 搜索库

在默认情况下,用户对所有库进行媒体文件的搜索。单击放大镜图标后的小三角 ,选择"搜索当前库"选项,"搜索当前库"是指在当前文件列表中搜索媒体文件,如图 3.25 所示。

在搜索栏中输入关键字搜索之后,该关键字就会在搜索列表框中显示。

3) 用户库

在"库选项"下拉列表中选择"默认"选项即可打开用户库,用户设计或下载的媒体文件都保存在这里,如图 3.26 所示。

图 3.25 搜索库

图 3.26 用户库

4) 管理库

管理库是对当前库进行管理。Camtasia Studio 2019 自带的库中的"管理库"选项包括"导出库"和"导入压缩库",如图 3.27 所示;用户库中的"管理库"选项包括"重命名库"、"删除库"和"导入压缩库",如图 3.28 所示。

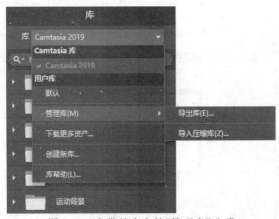

图 3.27 自带的库中的"管理库"选项

5) 下载更多资产

Camtasia Studio 2019 自带的库中虽然有多种媒体文件供用户选择,但不能完全满足制作要求,为此 TechSmith 官网的 TechSmith Assets for Camtasia 页面提供了超过 90 万个资源文件供用户下载使用。

在"库选项"下拉列表中选择"下载更多资产"选项,或者在"库"界面的底部单击"下载更

第 3 章 初识 Camtasia Studio 2019 软件 59

多资产"按钮,如图 3.29 所示,打开如图 3.30 所示的 TechSmith Assets for Camtasia 页面。在该页面中有 Customizable、Videos、Image 和 Audio 四大类资源文件可以选择,格式为 .libzip。在该页面中注册账号后,下载媒体资源文件并将其导入 Camtasia 的库中,在使用时直接打开即可。

图 3.28 用户库中的"管理库"选项

图 3.29 下载更多资产

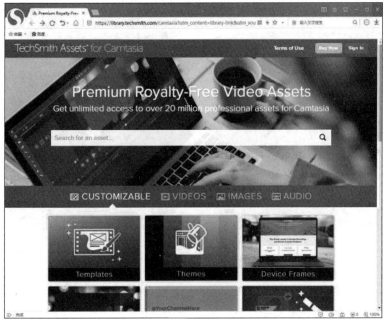

图 3.30 "TechSmith Assets for Camtasia"页面

6) 创建新库

在"库选项"下拉列表中选择"创建新库"选项,可以在当前库、Camtasia Studio 2019 自带库、"用户库"以及"用户库"下面的库中创建新库,创建新库可以实现对媒体文件的分类管理,如图 3.31 所示。

图 3.31　创建新库

2. 导入库

在微课制作过程中,用户可以将一些经常用到的素材保存到库中,例如同一系列微课的片头、背景音乐或具有相同特定格式的文字等,当再次使用时只需要直接从库中提取。将外部素材放置到库中或将轨道上的片段添加到库中,具体的操作方法如下。

(1) 在"库选项"下拉列表中选择"默认"选项,在空白处右击鼠标,选择"新建文件夹"命令新建文件夹并命名,如图 3.32 所示。

图 3.32　在库中新建一个文件夹并命名

(2) 在新建的文件夹上右击鼠标,选择"将媒体导入文件夹"命令添加导入的素材,然后单击"打开"按钮,将素材文件添加到库中,如图 3.33 所示。拖动鼠标可以将该素材文件移动到其他文件夹中,如图 3.34 所示。

(3) 在轨道上选取需要添加到库的片段,在片段上右击鼠标,选择"将时间线选择添加到库"命令,并在"添加到库"界面中输入名称,单击"确定"按钮,该片段将被添加到库中,如图 3.35 所示。

专家点拨:在"用户库"中的某个素材上右击鼠标,选择"删除"命令(或者直接按键盘上的 Delete 键),在弹出的"Camtasia 库"界面中单击"删除"按钮将库中的素材删除。

第 3 章 初识 Camtasia Studio 2019 软件　　61

图 3.33　将媒体素材文件导入文件夹

图 3.34　将素材文件移动到其他文件夹中

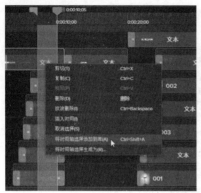  

图 3.35　将片段添加到库中并命名

将外部媒体资源导入库中，通常有以下两种方法。

方法 1：单击"库"界面左侧的"导入资产"按钮 ![+]，选择"将媒体导入库"选项，如图 3.36 所示，在弹出的对话框中选择需要导入的媒体文件，单击"确定"按钮即可。

方法 2：在媒体箱中的媒体文件上右击鼠标，选择"添加到库"命令，跳转到"添加到库"界面后单击"确定"按钮。该媒体文件被保存在 Camtasia 默认安装目录的库文件夹中，若以后使用此媒体文件，可以从 Camtasia 库中调入。

3. 库中模板的使用与下载

Camtasia 模板在 Camtasia Studio 2019 自带的库中，用户可以直接使用模板来提高视频的制作效率，获得良好的视觉效果。下面介绍库中模板的使用方法。

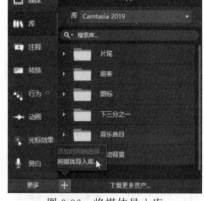

图 3.36　将媒体导入库

1) 模板的使用

(1) 选择"库"标签，在列表中列出了 Camtasia 自带的模板，这些模板分类放置在不同的文件夹中，单击文件夹前面的小三角 ▶ 将其打开，选择文件夹中的模板并拖放到轨道上，如图 3.37 所示。

(2) 在属性面板中可以修改标题文字等信息，如图 3.38 所示。

2) 下载模板

Camtasia 自带的模板在安装 Camtasia Studio 2019 时自动安装。用户库的模板可以从官网获取，再导入库中。下面以下载 Camtasia 官网 Customizable 类型中的 Motion Graphics 资源为例，介绍下载和导入 Camtasia 模板的方法。

(1) 单击"库"界面底部的"下载更多资产"按钮，如图 3.39 所示。

(2) Camtasia 将启动系统默认的浏览器并链接到"https://library.techsmith.com/camtasia"网站。单击页面右上角的 Sign In 注册并登录。

(3) 单击 Customizable 资源中的 Motion Graphics 图标进入页面，在页面中将显示 Motion Graphics 下的资源缩略图，把鼠标指针移至缩略图上，在弹出框中可以演示其动画效果，部分缩略图标有 New、Starter 字样，New 表示该文件是新上传的，标有 Starter 的文

第 3 章　初识 Camtasia Studio 2019 软件

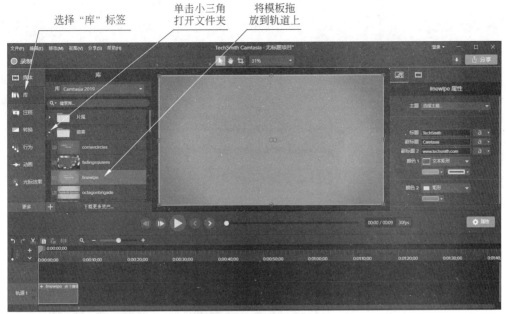

图 3.37　添加模板

件可以免费下载。如果将鼠标指针放置在缩略图上显示 Buy Subscription，表示下载该资源需要收费。

图 3.38　更改标题文字等信息

图 3.39　单击"下载更多资产"按钮

在页面左侧的 Price 下只勾选 Starter 复选框，单击下面的 Apply 按钮后显示的资源文件都是免费的，如图 3.40 所示。

单击缩略图上的"下载"按钮 下载文件，下载完成后将获得扩展名为.libzip 的模板资源文件，如图 3.41 所示。

（4）在下载完成后，需要将模板文件导入库中。在文件资源管理器中双击下载好的模板资源文件，进入如图 3.42 所示的"导入库"界面，选择存放模板资源文件的库，单击"导入"按钮，模板资源文件将被导入选择的库中。

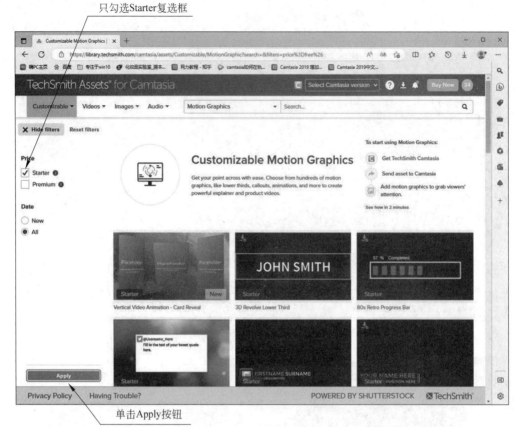

图 3.40　免费的模板资源文件

图 3.41　下载模板资源文件

第 3 章 初识 Camtasia Studio 2019 软件 65

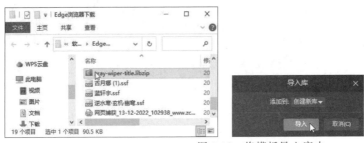

图 3.42　将模板导入库中

4. 导出模板

导出模板是指一次性将库中的模板资源导出为压缩文件，并保存在计算机磁盘中。如果用户没有将库中的模板导出，计算机重装系统或者 Camtasia 软件卸载后再次安装，之前用户库中的模板将全部被清空。另外，如果要在其他计算机上使用本机中的模板，需要将模板文件导出再安装到其他计算机上。导出模板的具体操作方法如下。

（1）在"库选项"下拉列表中选择"默认"选项，在列表下方的空白处右击鼠标，选择"导出库"命令，打开"将库导出为 Zip"对话框，如图 3.43 所示。

图 3.43　导出库模板

（2）输入文件名，选择储存路径，保存到指定的文件夹中，如图 3.44 所示。

5. 导出资源

导出资源是指 Camtasia 可以单独导出库中的某一媒体素材或文件夹。在媒体素材或文件夹上右击鼠标，选择"导出资产"命令，如图 3.45 所示，接下来的操作与导出模板相同，导出资产的格式为.libzip。

6. 导入压缩库

导入压缩库是将储存在计算机磁盘上的媒体资源压缩文件导入库中，具体操作方法如下。

（1）在"库"界面中的空白处右击鼠标，选择"导入压缩库"命令，如图 3.46 所示。

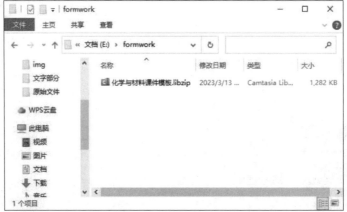

图 3.44　保存模板

图 3.45　"导出资产"命令

图 3.46　"导入压缩库"命令

第3章 初识 Camtasia Studio 2019 软件

(2) 在弹出的"打开"对话框中选择媒体资源压缩文件,如图 3.47 所示。

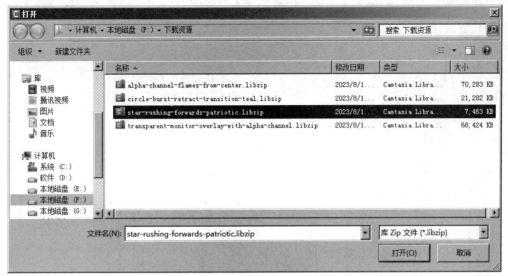

图 3.47　选择媒体资源压缩文件

(3) 单击"打开"按钮打开"导入库"界面,在"添加到"下拉列表中选择库,如图 3.48 所示。

(4) 单击"导入"按钮,将媒体资源压缩文件导入库中,如图 3.49 所示。

图 3.48　"导入库"界面

图 3.49　将媒体资源压缩文件导入库中

7. 导入 PDF 文件

在编辑视频过程中如果用到 PDF 格式的文件,可以直接导入,如图 3.50 所示。

专家点拨:媒体箱中的素材被删除,并不会删除存放在计算机磁盘上的该素材,如有需要,重新导入即可。

3.3.3 注释

Camtasia 的注释功能可以起到突出视频重点、吸引观看者注意或者对某些内容进一步解释的作用。Camtasia 为用户提供了"标注""箭头和线""形状""特殊形状""草图运动""击键标注"6 种注释类型,在每个类型下又有几种样式供用户选择。

1. 标注

该注释类型将文字以标注形式放置在页面留白的位置,文字标注能有效地补充微课

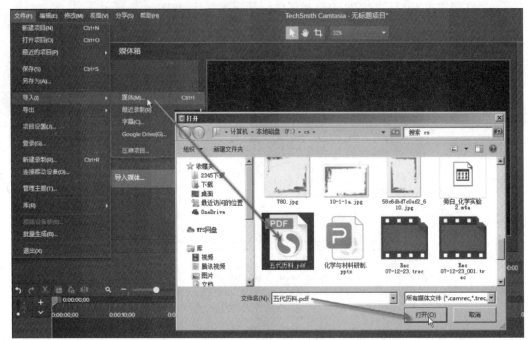

图 3.50 导入 PDF 文件

PPT 中遗漏的知识点。选择工具箱中的"注释"标签进入"标注"界面,标注的样式有抽象、基本、加粗和城市,如图 3.51 所示。

图 3.51 "标注"界面

下面以添加文本矩形为例来介绍标注的使用方法。

(1) 拖动播放头至需要添加标注的位置,选中文本矩形并将其拖动到画布上,如图 3.52 所示。

(2) 在轨道上的播放头位置出现相应的标注图标,拖动该图标可以调整标注作用的时刻,拉伸图标两侧可以调整标注作用的时长,如图 3.53 所示。

(3) 在画布上双击文本矩形中间位置的字母"ABC"可以输入文字,如图 3.54 所示。

(4) 通过属性面板上的"文本属性"选项 可以调整文字的字体、大小、颜色、对齐方式

图 3.52　添加标注

图 3.53　时间线上的"标注"图标

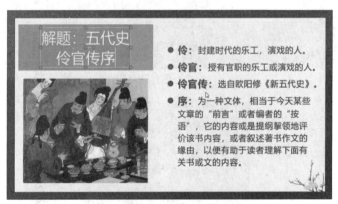

图 3.54　输入文字

等,如图 3.55 所示。单击"主题"选项后的小三角,会弹出如图 3.56 所示的"主题管理器"界面。主题管理器提供了"颜色""字体""徽标"设置面板。单击弹出"重命名""删除"两个有关主题的选项。单击弹出新建主题对话框。

(5) 单击属性面板上的"注释属性"选项,可以更改标注的形状、填充颜色等,如图 3.57 所示。

2. 箭头和线

"单向箭头"注释的作用是在大段文字中指出正在讲解的部分,确保学生跟上课程进度。"双向箭头"注释可以标明画面中相关的两部分,如图 3.58 所示。

图 3.55 "文本属性"选项

图 3.56 "主题管理器"界面

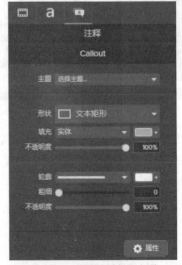

图 3.57 "注释属性"选项

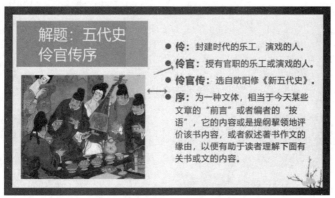

图 3.58 "箭头和线"注释的应用效果

"箭头和线"注释包括双箭头、虚线、实线等,如图 3.59 所示。和标注一样,用户可以把需要的箭头或线的样式拖动到时间线上,然后在其属性面板中进行设置。

图 3.59 "箭头和线"界面

3. 形状

"形状"注释 主要起指示作用,"形状"注释只是一个图形,不包含文本。使用"形状"注释突出画面中的重点内容,如图 3.60 所示。

图 3.60 "形状"注释的应用效果

"形状"注释用于为媒体添加各种形状,可以分组或裁剪形状来创建新的形状,其界面如图 3.61 所示。拖动"形状"注释到时间线上,在属性面板中对"形状"注释进行设置。

4. 特殊形式

"特殊形式"注释 包括"模糊""聚光灯""突出显示""交互式热点""像素化"5 种样式,如图 3.62 所示。该类别注释的强调效果更明显。

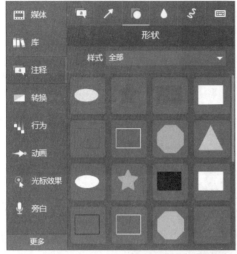
图 3.61 "形状"界面

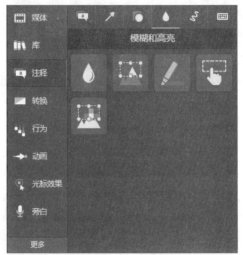
图 3.62 "特殊形式"注释界面

(1)"模糊"注释 将一些敏感或隐私内容模糊显示,以避免在生成的视频中清晰地呈现,如图 3.63 所示。在其属性面板中可以设置模糊的强弱程度。勾选"颠倒"复选框,可以使周围部分模糊,需要呈现的部分更加突出。

图 3.63 "模糊"注释的应用效果

(2)"模糊"注释是为了隐藏某些内容,"聚光灯"注释 则是为了突出某部分内容。在设置聚光灯效果的区域外,画面会整体变暗,而设置聚光灯效果的区域保持不变,整体效果就像一束灯光照在黑暗的舞台上。在"聚光灯"注释的属性面板中只有"强度"属性值,数值越大周围区域越暗,将"强度"设置为最大值 100 的效果如图 3.64 所示。

(3)"突出显示"注释 和"聚光灯"注释类似,都是为了突出画面的某一部分,"突出显

第 3 章 初识 Camtasia Studio 2019 软件 73

图 3.64 "聚光灯"注释的应用

示"注释像是用荧光笔在视频画面上涂抹,添加之后的效果如图 3.65 所示。

图 3.65 "突出显示"注释的应用效果

在"突出显示"注释的属性面板中有填充颜色、不透明度及"颠倒"复选框,可以设置突出显示的颜色及颜色的透明度,还可以反转选择的区域。

(4)"交互式热点"注释 主要用于在视频中创建超链接,实现视频与观众之间的互动。添加"交互式热点"注释后,在其属性面板中进行"交互式热点"的自定义设置,如图 3.66 所示。

- 在结束时暂停:默认勾选,当作为热点的对象在屏幕上出现时,播放将暂停并要求查看者单击以继续。
- URL:用户单击热点后所打开页面的网址。
- 标记:针对热点弹窗加载到视频中内容的特定选项,在制作的项目中如果没有标记,该项不能使用。
- 时间:表示热点弹窗加载到视频中特定点的时间,即热点出现的时间。

图 3.66 "交互式热点"注释的属性面板

- 单击以继续：在交互式热点结束后，单击视频继续播放。
- "测试"按钮：用来测试交互式热点。

需要注意的是，添加了"交互式热点"注释的文件在分享导出视频时要选择本地文件，含有"交互式热点"的视频在普通播放器中无法查看，必须在 TechSmith 智能播放器中播放。

（5）"像素化"注释 通过将选中区域中各部分内容的色相与周围同化，达到模糊内容的效果，实际上就是常用的马赛克效果，如图 3.67 所示。

图 3.67　"像素化"注释的应用效果

在其属性面板中可以调节选中区域的像素化强度，像素化强度是指像素块的大小，数值越大则像素块越大，画面越模糊。

5. 草图运动

"草图运动"注释 与"箭头和线""形状"这两个类别的注释类似，不同的是"草图运动"注释会"运动"，可以在视频中添加手写草图的效果。教师选择这类注释更接近在黑板上板书，学生很容易产生亲近感。

"草图运动"注释使用软件提供的动画样式在屏幕上绘制动画，其界面如图 3.68 所示。在其属性面板中可以对绘制时间、颜色、精细等参数进行设置。

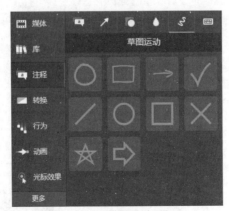

图 3.68　"草图运动"界面

6. 击键标注

"击键标注" 常用于计算机类微课的制作，可以在屏幕上显示键盘活动，其界面如

图 3.69 所示。"击键标注"的添加方法和步骤将在 5.5.1 节中详细介绍。

3.3.4 转换

转换效果类似于幻灯片中的切换功能。微课视频由不同的画面组成,在画面之间添加转换效果可以使画面过渡自然,避免给人生硬的感觉,合适的转换效果能获得较好的视觉体验。

转换效果包括"淡入淡出""移动""对象""风格化""擦拭"5 种类型,每种类型又包含若干样式,其界面如图 3.70 所示。

图 3.69 "击键标注"界面

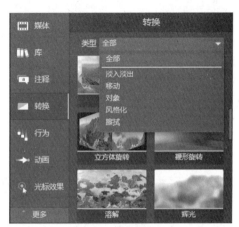

图 3.70 "转换"界面

转换效果的添加方法是选中轨道上的媒体,在"转换"界面中的样式上右击鼠标,选择"添加到所选媒体"选项,如图 3.71 所示。

图 3.71 添加"转换"效果的步骤

选中轨道上的所有媒体重复上述操作,为所有媒体设置统一风格的转换形式。

转换效果的默认持续时间是 1 秒,拖动转换区域的两端可以改变转换的持续时间,即转换过渡的时长。

直接把转换效果拖动到轨道中的媒体上,媒体两侧出现"荧光"区域,将鼠标移至媒体左侧可在媒体起始位置添加转换效果;移至媒体右侧可在媒体结束位置添加转换效果;移至中间可同时在媒体两侧添加转换效果。

转换效果的操作方法与技巧将在 6.1.1 节中详细介绍。

3.3.5 行为

"行为"是指为媒体添加动画预设,让视频整体更有观赏性和趣味性。

Camtasia 中的每个素材都可以添加"行为"特效。"行为"特效包括"漂移""爆炸""淡入淡出""飞入""跳起和下落""弹出""脉动""显示""缩放""正在切换""正在滑动"共 11 个特效,其界面如图 3.72 所示。

"行为"特效的添加步骤如下。

先选中轨道上的媒体,然后在"行为"界面中的"行为"特效上右击鼠标,选择"添加到所选媒体"选项,再通过属性面板进行设置。同样,也可以用拖动的方式将"行为"特效应用到媒体上。

若要去除"行为"特效,则需在轨道中已添加"行为"特效的媒体上右击鼠标,选择"移除"选项下的"所有效果"命令,如图 3.73 所示。

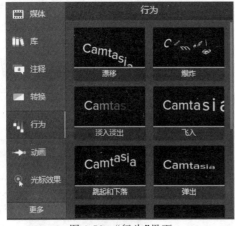

图 3.72 "行为"界面

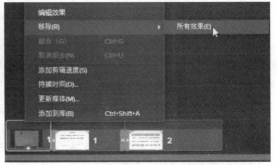

图 3.73 去除"行为"特效

"行为"特效的操作方法与技巧将在 6.6 节中详细介绍。

3.3.6 动画

"动画"特效由"缩放与平移"和"动画"两个选项组成,如图 3.74 所示。"动画"特效的应用改善了微课画面的单一性,让微课画面更具跳跃感,减轻了学习者的视觉疲劳。

"缩放与平移"操作相当于手动聚焦,"动画"中的"自适应缩放"效果相当于智能聚焦,合理使用这两种聚焦方式可以使视频画面更加生动。

第 3 章 初识 Camtasia Studio 2019 软件   77

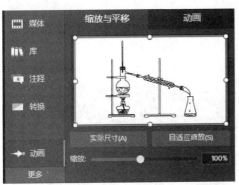
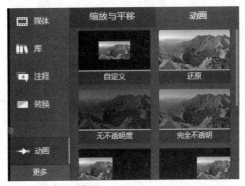

图 3.74 "缩放与平移"界面和"动画"界面

"动画"特效的操作方法与技巧将在 6.2 节中详细介绍。

3.3.7 光标效果

在微课中鼠标的操作很重要,为了让学习者能清楚地知道光标的位置及相关动作,使用 Camtasia 完成微课的录制后,在编辑过程中可以为录制的微课添加光标特效。

在 Camtasia 中,"光标效果"功能区主要对光标效果和鼠标左/右键单击时的击键效果进行设置。"光标效果"包括"光标突出显示""光标放大""光标聚光灯""光标平滑"4 种功能。"光标效果"界面如图 3.75 所示,"左键单击"光标效果界面如图 3.76 所示,"右键单击"光标效果界面如图 3.77 所示。

将使用 Camtasia 录制的视频拖动到轨道上,再将光标效果拖动到轨道中的视频上,然后在属性面板上对光标效果进行设置。光标效果的设置包括光标突出显示的颜色、不透明度、尺寸、柔和度、缓入缓出的时间等。

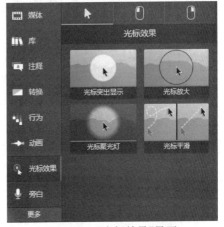

图 3.75 "光标效果"界面

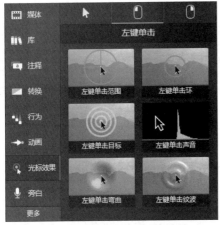

图 3.76 "左键单击"光标效果界面

图 3.77 "右键单击"光标效果界面

同时添加了"光标聚光灯"效果和"光标突出显示"效果的效果如图 3.78 所示。

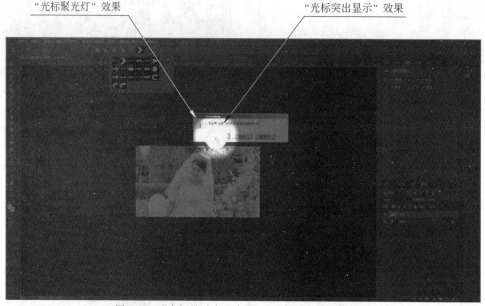

图 3.78 "光标聚光灯"效果和"光标突出显示"效果

"光标效果"的操作方法与设置技巧将在 6.4 节中详细介绍。

专家点拨：编辑的视频必须使用 Camtasia 录制，这样 Camtasia 才能准确地捕捉到鼠标操作，在录制的视频中有鼠标显示，进而设置相应的光标效果。

3.3.8 旁白

旁白就是给视频配音。在录制过程中若有讲解性错误或者口误等，使用录制旁白功能补充录制。

1. 旁白的功能

在制作微课时，很多人觉得录制屏幕动作和解说不能兼顾。此时可以先录制屏幕操作，然后在 Camtasia 中使用旁白功能为视频添上讲解。这种录制和讲解分开进行的方法能够让录课者专注于某一项操作，降低出错率，但这种方法要保证后期的旁白与屏幕上的动作相契合，这需要微课制作者在制作微课前做好精准规划，计算好时间，只有这样才能顺利完成录制和添加解说的全过程。

使用旁白功能还可以进行局部的语音编辑。在录屏过程中难免会有语言失误，出现错误就从头录制大幅降低了效率。此时便可以暂时忽略失误，等录制完成后将失误内容删除，使用 Camtasia 的旁白功能重新添加正确的讲解。

另外，在对微课视频进行编辑处理时还可以使用该功能添加语音提示。

2. 录制旁白

下面通过实例介绍录制旁白的方法，在这个实例中需要对视频中的语音进行修改，删除不需要的语音，然后通过旁白功能重新配音，下面介绍具体的操作步骤。

（1）如果项目中的视频和音频没有分离，可以先在轨道中的视频片段上右击鼠标，选择快捷菜单中的"分开音频和视频"命令将它们分离。选中音频片段，将播放头放置到需要修改的音频片段的起始和末尾位置,分别单击"拆分"按钮 拆分音频,如图 3.79 所示。选中从整个音频中拆分出来的音频片段,按 Delete 键删除。

图 3.79　拆分音频

（2）选择工具箱上的"旁白"标签,在图 3.80 所示的"旁白"功能界面中勾选"录制过程中静音时间轴"复选框,单击"自动调平"按钮 ,系统会根据录制者的语音和环境自动设置录制级别。

（3）在录制前,可以输入脚本文本起到提词器的作用,如图 3.81 所示。

图 3.80　"旁白"功能界面

图 3.81　添加脚本文本

（4）将播放头定位到需要补录的位置,单击"开始录音"按钮 录制旁白,播放头将沿着时间线移动。单击"停止"按钮 ,弹出"将旁白另存为"对话框,选择文件夹输入文件名,单击"保存"按钮保存旁白,如图 3.82 所示。录制的旁白自动加载到媒体箱和时间线轨道上。

（5）对补录的声音进行设置,如调整音量、去除噪声等,然后使用"拆分"功能将旁白中多余的部分拆为独立的片段,将其删除,调整音频片段的位置,使旁白与原始声音自然衔接,如图 3.83 所示。

3.3.9　音效

"音效"功能用于改善音频的质量。Camtasia 可以对音频进行降噪、调整节奏快慢、压缩、设置淡入淡出效果等,其功能界面如图 3.84 所示。

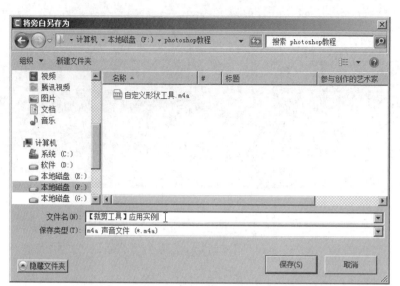

图 3.82　保存旁白

图 3.83　对语音进行修剪

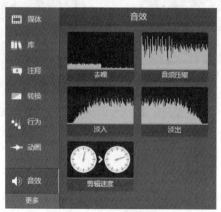

图 3.84　"音效"功能界面

1. 去噪

在录制微课的过程中,很多教师直接使用笔记本式计算机内置的话筒或者简单的耳麦进行录制,这样录制的音频会有"沙沙沙"声或者机器的电流声等噪声,此时用户可以使用"去噪"功能去除噪声,提升音效的质量。

选择工具箱中的"音效"标签,在"音效"界面中直接将"去噪"拖放到轨道中的音频上,在图 3.85 所示的属性面板中对"去噪"功能进行设置。"敏感度"指噪声的敏感程度,"数量"指对噪声去除的程度,通常采用默认的"敏感度"和"数量"。单击"分析"按钮可试听,如果对效果不满意,继续调整"敏感度"和"数量"两个参数,直到对试听效果满意,此处没有固定的数值可供参考。属性面板中的"增益"用于调节整个音频的音量。

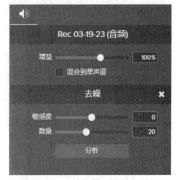

图 3.85 "音效"属性面板

2. 音频压缩

"音频压缩"功能是将时间线上的音频在损失忽略不计甚至不损失数据的情况下降低音频码率。教师在讲解时难免会有音量忽大忽小的情况,从而影响录制效果,使用"音频压缩"可以解决这一问题。

直接将"音频压缩"拖放到轨道中的音频上,在其属性面板中对"增益""音量变化"等参数进行设置。

将"音量变化"调整为"自定义",然后调整"比率",比率越高声音越平缓。图 3.86 是同一段音频调整比率前后的对比,左图比率为"2"、右图比率为"20",可以看出右图的波峰更平缓,这样就有效地改善了声音忽大忽小的问题。

图 3.86 调整比率前后的对比

3. 淡入和淡出

在一节微课中一般包含至少两个视频片段,视频间的过渡可以使用转换效果平滑过渡,声音之间也可以使用淡入淡出来实现自然过渡。

直接将"音效"界面中的"淡入"和"淡出"拖放到轨道中的音频上,在开始端或结尾端加入对应的特效,如图 3.87 所示。用户也可以在轨道中的音频上右击鼠标,选择"添加音频点"选项,通过拖动手动添加的音频点来调节音频的音量也会有"淡入"或"淡出"的效果,如图 3.88 所示。

图 3.87 淡入和淡出　　　　　　图 3.88 手动添加音频点

4. 剪辑速度

调整剪辑速度是为了改变音频片段的播放速度,其属性面板如图 3.89 所示,在"持续时间"栏中调整音频的总时长或者在"速度"文本框中输入调节的倍速都可以改变音频的播放速度。

3.3.10 视觉效果

Camtasia 视觉效果是指对难以直接拍摄的画面使用特效处理,增强视觉体验。

Camtasia 的"视觉效果"功能界面包括"阴影""边框""着色""颜色调整""移除颜色""设备帧""剪辑速度""交互式热点"8 个类型,如图 3.90 所示。这里以"着色"和"交互式热点"视觉效果为例进行介绍。

图 3.89 "剪辑速度"属性面板

图 3.90 "视觉效果"功能界面

1. 着色

"着色"指修改媒体的颜色。"着色"效果的默认颜色是绿色,将"着色"效果拖动到轨道中的媒体上,媒体画面的颜色变成绿色,如图 3.91 所示。

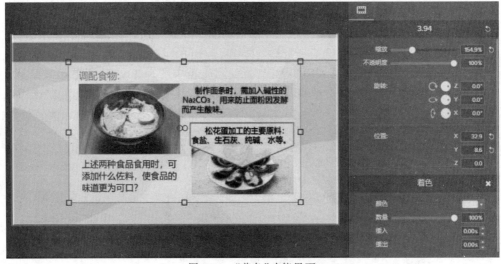

图 3.91 "着色"功能界面

在属性面板中单击"颜色"选项后的小三角 ▼,选择颜色,然后调整"数量"改变"颜色"的深浅,效果如图 3.92 所示。

颜色选择白色,这相当于给视频添加了黑白滤镜,再添加淡入、淡出效果并设置效果的起始时间,让视频前后衔接自然。此视频效果的功能是区分时空,可在视频进入回忆时使用,具体情形在电视剧中常见,效果如图 3.93 所示。

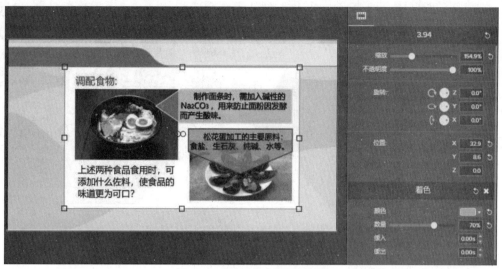

图 3.92 添加"着色"后的效果

图 3.93 "着色"处理后的效果及调节选项

2. 交互式热点

人们在观看视频时经常会遇到页面弹窗广告,这是一种"交互式热点",通俗来讲就是在视频上添加了超链接。使用 Camtasia 也可以给媒体添加交互式热点。

将"交互式热点"视觉效果拖动到轨道中的媒体上。在图 3.94 所示的属性面板中对"交互式热点"进行设置,属性面板中各项的功能与前面的"交互式热点"注释相同。

"交互式热点"设置如下。

(1) 在热点属性中默认"在结束时暂停",可以不勾选。

(2) 在 URL 栏中输入链接网址,如"http://www.cai8.net",并勾选"在新浏览器标签中打开"复选框,否则链接的网页将覆盖当前网页。

（3）定位时间线上的当前时间，即时间线上视频中光标所在的位置，图 3.94 中的时间是 4m49s18f。

单击"测试"按钮，浏览器打开"http://www.cai8.net"网站首页。

特别提醒：添加"交互式热点"视觉效果的文件分享导出视频时应选择本地文件，在导出的格式中选择带"Smart Player"的预设，最后将所有的源文件上传到自己的网站，这样交互式热点的效果才能显现出来。

其他视觉效果的使用方法将在 5.1.5 节、5.3.3 节、5.4.1 节中详细介绍。

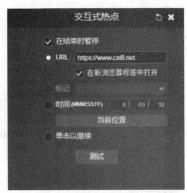

图 3.94 "交互式热点"属性面板

3.3.11 交互性

为了保证学习者在观看微课的过程中能自主测验是否掌握了知识点，需要在微视频中添加互动功能让孤立的微视频变成互动的微课程，使用 Camtasia 的"交互性"功能可以实现这一目标，通过在视频中添加测验实现与观看者间的互动。"交互性"功能界面如图 3.95 所示。

"将测验添加到"有两个选项，即时间线和所选媒体，这两个选项的区别如下。

（1）将测验添加到时间线（图 3.96 中的测验 1）：单击时间线上刻度尺的下方添加测验，在时间线上添加、移动或删除媒体时，测验仍在原位置，它的唯一参照是时间。

（2）将测验添加到所选媒体（图 3.96 中的测验 2）：在轨道中的媒体上方单击也会出现测验，使用这种方式添加的测验在时间线上移动或删除媒体时会随之移动或删除，它的参照是媒体本身。

图 3.95 "交互性"功能界面

图 3.96 添加的测验

下面以将测验添加到时间线为例介绍添加测验的方法。

1. 添加测验

单击时间线上刻度尺的下方完成第一个测验的添加，此时播放头也随之移动到添加测验的位置。

2. 编辑测验

在图 3.97 所示的"测验"选项设置界面和图 3.98 所示的"测验"问题设置界面中对问题、问题的类型（多项选择、填空、简答、真假）和答案以及是否显示反馈等进行设置。

第 3 章 初识 Camtasia Studio 2019 软件

图 3.97 "测验"选项设置界面

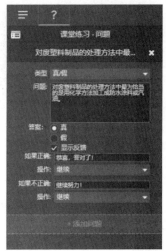

图 3.98 "测验"问题设置界面

3. 查看效果

设置完成后在"测验"选项设置界面中单击"预览"按钮,出现如图 3.99 所示的"问题"界面。选择"真"选项后出现如图 3.100 所示的"答题结果"界面,否则会出现如图 3.101 所示的界面。

图 3.99 "问题"界面

图 3.100 "答题结果"界面 1

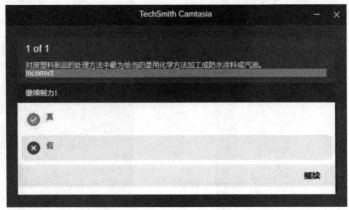

图 3.101 "答题结果"界面 2

4. 导出测验

文件分享导出视频应选择本地文件,在导出的格式中选择带"Smart Player"的预设。

每个测验的问题不限数量,答案选项的上限是 30 个,将测验添加到所选媒体的操作将在 7.2 节中详细介绍。

3.3.12 字幕

字幕与图像、声音等共同组成了多方位、多信息渠道的传播手段,提高了信息在单位时间内传播的速度和质量。字幕强化了信息的表达,增强了信息的准确性、明晰性,减少了听觉误差。此外,字幕还为一些特殊群体提供帮助,如有听觉障碍的观众,并为非母语视频提供母语字幕。在微课中添加与讲解同步的字幕可以避免观众因听不清语音而产生误解。

1. 添加字幕

ADA 即美国残疾人法案,该法案旨在确保残疾人士拥有和正常公民一样的待遇。很多国家及教育机构都为残疾人提供了符合 ADA 标准的视频字幕。

Camtasia 在默认情况下使用符合 ADA 标准的字体添加字幕,用户也可以根据需要选择合适的字体。

选择工具箱中的"字幕"选项,弹出"字幕"编辑框,单击"添加字幕"按钮,可以在画布下方的"字幕文字输入"窗口中输入文字,在最上面的轨道播放头所在的位置会自动添加字幕。

在字体属性面板中对字幕的样式、字体、大小、颜色、不透明度和对齐方式进行设置,如图 3.102 所示。

拖动轨道上字幕的左右边界调整持续时间,或者拖动"持续时间"上的滑块 来调整每段字幕的持续时间。字幕默认的播放时间为 4s,如果将"持续时间"拖动调整为 3s,则时间线上字幕的持续时间也变为 3s,如图 3.103 所示。

图 3.102 字体属性面板

"持续时间"右侧的"字幕选项" 包含"拆分当前字幕""与上一字幕合并""与下一字幕合并""延长持续时间""缩短持续时间"5 个选项。

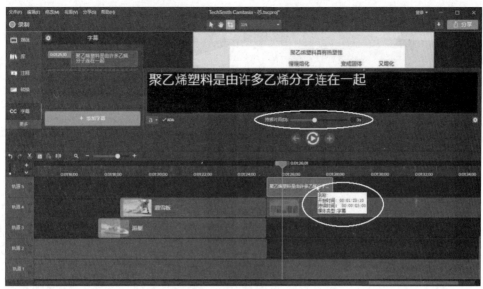

图 3.103　调整"持续时间"

"拆分当前字幕"相当于把当前字幕复制、粘贴一份,这样可以根据需要在原字幕中保留前半部分文字并在复制的字幕中保留后半部分字幕。

每单击一次"延长持续时间"或"缩短持续时间"选项,字幕时长就加长或缩短 0.5s。

2. 同步字幕

"同步字幕"是 Camtasia 添加字幕的一种方式,可以设置字幕出现的时间与声音和画面相匹配。

添加字幕和"同步字幕"设置方法将在 5.4.2 节中详细介绍。

3. 导入字幕

在 Camtasia 中添加字幕时可以使用外部的字幕文件。

Camtasia 支持的外部字幕文件格式有 *.srt、*.smi、*.sami 3 种。

将播放头定位在需要添加字幕的位置,单击"字幕"编辑框窗口左上角的"脚本选项"按钮,选择"导入字幕"选项,然后选择字幕文件,单击"打开"按钮,可以将字幕添加到时间线轨道上。

4. 导出字幕

在添加字幕后,同样能够把自身编辑的字幕导出为外部字幕文件。导出的字幕文件格式有 *.srt 和 *.smi 两种,可以用记事本打开导出的字幕文件并对字幕编辑修改后再导入。

单击"字幕"编辑框窗口左上角的"脚本选项"按钮,选择"导出字幕"选项,然后选择导出字幕文件存放的位置并输入文件名、选择保存类型,单击"保存"按钮完成字幕文件的导出。

5. 语音到文本

使用 Camtasia 的"语音到文本"功能可以把讲解的声音生成字幕,实现字幕与声音的同步。这项功能对讲解者的普通话要求较高,为了提高语音的识别精度,必须经过语音识别训练。

3.4　时　间　线

时间线是 Camtasia 的重要组成部分，Camtasia 对媒体的编辑基本上都是在时间线上进行的，熟悉时间线的组成和功能并将时间线与画布、属性面板、各类效果面板结合使用能够简单、快捷地进行媒体的编辑。

时间线面板包含工具栏、轨道、刻度尺和播放头等，如图 3.104 所示。

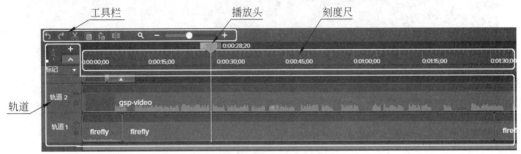

图 3.104　时间线面板

3.4.1　工具栏

时间线工具栏是对时间线上的媒体进行编辑的快捷工具，包括"撤销"、"恢复"、"剪切"、"复制"、"粘贴"、"拆分"和"缩放条"。

1. 撤销与恢复

在编辑媒体时如果出现错误操作，可单击"撤销"按钮 撤销最后一次操作，恢复到操作前的状态。撤销操作没有次数限制，可多次撤销，其快捷键为 Ctrl+Z。恢复 是撤销的相反操作，其快捷键为 Ctrl+Y。

2. 剪切、复制和粘贴

在编辑媒体的过程中经常有剪切、复制和粘贴操作，这时就可以使用工具栏中的 、、按钮完成，它们的快捷键依次为 Ctrl+X、Ctrl+C、Ctrl+V。

3. 拆分

使用工具栏中的"拆分"按钮可以将媒体拆分成两个或多个媒体片段。首先选中轨道上的媒体，将播放头定位在需要拆分的位置，然后单击工具栏中的"拆分"按钮 ，轨道上的媒体将被分成两段，如图 3.105 所示。"拆分"的使用方法和技巧将在 5.1.2 节中详细介绍。

图 3.105　媒体被拆分后的效果

4. 缩放条

缩放条用于在水平方向上缩放时间线，轨道上的媒体也会随之放大或缩小，便于用户更精准地选择、编辑媒体。缩放条上各按钮的功能如图 3.106 所示。

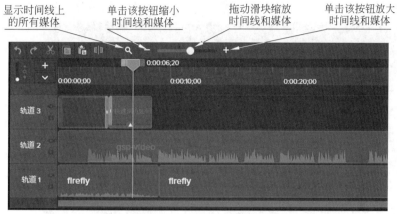

图 3.106　放大或缩小时间线和媒体

- "自适应缩放"按钮：单击该按钮，时间线将缩放为合适的比例，使轨道上的所有媒体都能显示在时间线上。其快捷键为 Ctrl+Shift+7。
- "缩小时间线"按钮：单击该按钮，时间线上的媒体将缩小一定的比例。其快捷键为 Ctrl+Shift+-。
- "放大时间线"按钮：单击该按钮，时间线上的媒体将放大一定的比例。其快捷键为 Ctrl+Shift+=。
- "缩放滑块"按钮：在"缩放滑块"上按住鼠标左键向左或向右拖动可以缩小或放大时间线上媒体的比例。

3.4.2　播放头和刻度尺

刻度尺是编辑时间线上媒体的时间参照。刻度尺上的数字代表从刻度尺起始位置到该数字位置的时间长度，其格式为 0:00:00;00，分号前的 3 组数字依次代表时、分、秒，分号后面的数字表示帧。

单击时间线工具栏上的"自适应缩放"按钮，刻度尺上的数字变为每 15s 进行标记，即每 15s 出现一次数字。如果将"缩放滑块"拖动到最右侧，即"缩放到最大"，则每 15 帧进行一次标记，30 帧为 1s（因为帧率设置为 30）。

播放头由"选择片头"滑块、"播放头"滑块、"选择片尾"滑块组成。"播放头"滑块用于指示当前媒体的时间点，在画布上显示该滑块时间点对应的媒体画面。左侧的绿色滑块为"选择片头"滑块，右侧的红色滑块为"选择片尾"滑块。

在对轨道上的媒体进行选择时，拖动"选择片头"滑块和"选择片尾"滑块指定选择区域的起始时间位置和终点时间位置，拖动"播放头"滑块不会改变另外两个滑块的位置，此时所有轨道的两个滑块间的媒体呈蓝色，表示选择了所有轨道上此区域的媒体。此时单击"视频预览按钮"中的"播放"按钮只播放该区域的媒体。在时间线刻度尺的任意位置双击鼠标，"播放头"滑块会定位在该处，同时 3 个滑块会聚在一起（双击 3 个滑块中的任意一个，3 个滑块将并拢在一起,同时选区取消)。在拖动"选择片头"滑块和"选择片尾"滑块时,Camtasia 都会给出选区时间提示以方便用户选择,如图 3.107 所示。

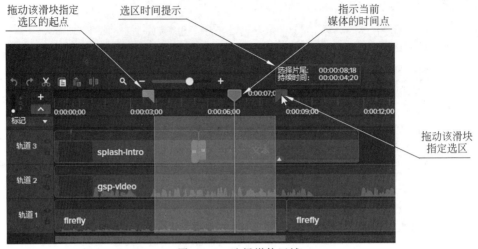

图 3.107　选择媒体区域

3.4.3　时间线标记

标记的功能主要有 4 个,一是在视频中添加交互式目录,创建导航;二是为录制过程中需要编辑的部分设置标记编辑点;三是设置不同的点,将长视频分割成多个视频;四是录制 PowerPoint 或 Keynote 演示文稿时自动标记时间线上的每张幻灯片。下面介绍时间线标记的使用方法。

图 3.108　启用"标记"

(1) 在时间线面板中单击"测验"后面的小三角,选择"标记"选项,如图 3.108 所示。

(2) "标记"处于启用状态,轨道上的媒体片段的上方有半透明的长条,将鼠标指针放置在长条处时间线上会出现带加号的蓝色菱形块,单击鼠标可以在单击处添加标记,添加标记后,在其属性面板中将显示标记点所在位置的缩览图,还可以直接对标记重命名,如图 3.109 所示。

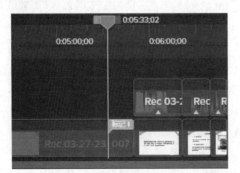 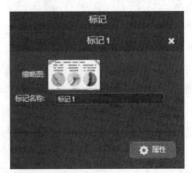

图 3.109　添加标记并重命名

(3) 单击轨道上的标记,按 Delete 键可以删除标记。拖动轨道上的标记可以改变标记的位置。在选中标记后,移动鼠标指针到刻度尺下方与轨道垂直的黄线上,当出现带加号的蓝色菱形块时单击鼠标,可以将标记移动到时间线上,如图 3.110 所示。

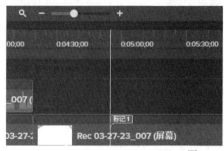
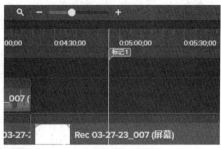

图 3.110　移动标记

3.4.4　轨道

轨道位于时间线面板的下方,是时间线的重要组成部分。将媒体拖入时间线,媒体会显示在轨道中,这样就可以在轨道中对媒体进行编辑。

在使用 Camtasia 对媒体进行编辑处理时,所有的视频、声音、特效和注释等内容都放置在轨道中,对某一轨道中的媒体进行操作不会影响到其他轨道中的媒体。轨道的顺序决定了对象的层级关系,位于上层轨道中的媒体将会遮盖下层轨道中的媒体,如图 3.111 所示。

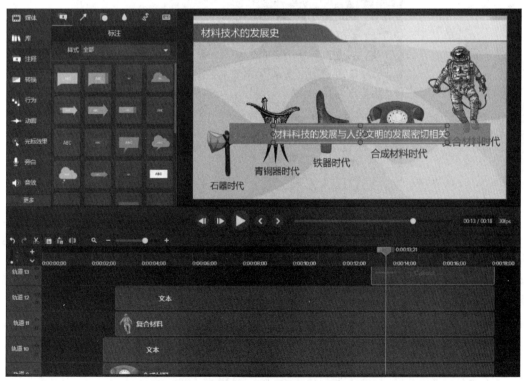

图 3.111　轨道及轨道中媒体的上下位置关系

1. 增减轨道

在任一轨道上右击鼠标,选择"插入轨道"级联菜单下的"以上"或"以下"命令,在轨道的上方或下方就相应地增加了一条空白轨道,如图 3.112 所示。在任一轨道上右击鼠标,选择"移除所有空轨道"命令,时间线上的空白轨道将全部移除。如果需要在最上层插入一条空白轨道,可以直接单击"添加轨道"按钮 ,如图 3.113 所示。

图 3.112 增加轨道

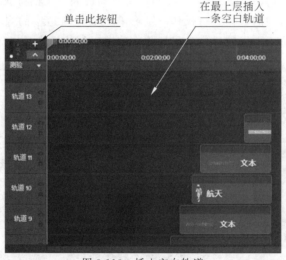

图 3.113 插入空白轨道

专家点拨:在要移除的轨道的名称上右击鼠标,选择"移除轨道"命令。若要移除的轨道是空白轨道,则单击后直接移除该轨道。若要移除的轨道上有媒体,在弹出的对话框中单击"是"按钮,该轨道将和加载的媒体一并移除;单击"否"按钮,则轨道和媒体均不被移除,保持原有状态。

2. 重命名轨道

在对视频进行编辑处理时建议将不同的对象放置到不同的轨道中,当时间线面板中有多个轨道时,为了区分各轨道中对象的内容,可以对轨道重命名。在轨道名上右击鼠标,选择"重命名轨道"命令,然后输入新的轨道名,即可完成对轨道的重命名,如图 3.114 所示。

专家点拨:建议以能够代表轨道对象内容的文字作为轨道的名称,双击轨道名也可以

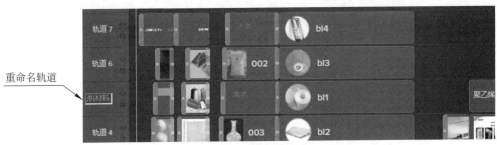

图 3.114　对轨道重命名

对轨道重命名。

3. 缩放轨道

轨道在水平方向上的缩放在 3.4.1 节中的"缩放条"部分有详细的介绍，如果需要改变轨道的高度，可以拖动"调整所有轨道高度"滑块 进行调整，如图 3.115 所示。

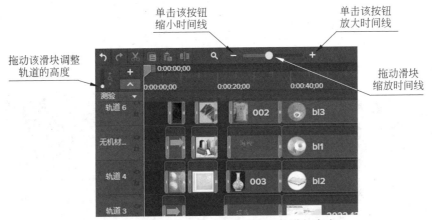

图 3.115　放大或缩小时间线及调整轨道的高度

4. 禁用和锁定轨道

在对轨道中的对象进行编辑处理时，为了避免其他轨道中的画面对编辑造成干扰，可以设置轨道中的内容不可见，方法是单击轨道名旁的"禁用轨道"按钮 ，此时画布上不再显示该轨道中的内容，再次单击该按钮将恢复显示。在进行编辑操作时，如果某个轨道中的内容不需要再进行编辑修改，单击"锁定轨道"按钮 将该轨道锁定，当轨道处于锁定状态时，再次单击该按钮可解除锁定，如图 3.116 所示。

图 3.116　禁用轨道和锁定轨道

3.5 本章习题

一、填空题

1. 在媒体箱中,让最新添加的媒体处在最上方,可以按_____排序。

2. 在时间线面板的刻度尺上有3个滑块,中间的滑块为_____,用于_____,左侧的绿色滑块用于_____,右侧的红色滑块用于_____。

3. 为了避免其他轨道中的画面对编辑造成干扰,可以设置轨道中的内容不可见,方法是单击轨道名旁的_____按钮,此时画布上不再显示该轨道中的内容,再次单击该按钮将恢复显示。

二、选择题

1. 关于媒体素材的操作,(   )不可能实现。
  A. 从媒体箱拖动到画布　　　　　　B. 从媒体箱拖动到轨道
  C. 从文件夹拖动到媒体箱　　　　　D. 从网页中拖动图片到媒体箱

2. 常老师在网上下载了一部电影,他想要截取其中的一个片段进行编辑,图3.117是他使用Camtasia进行视频编辑的截图,下列说法中错误的是(   )。

图3.117　编辑视频

  A. 可以给视频片段添加转换效果
  B. 可以对视频进行剪辑,删除不要的片段
  C. 可以去除原视频中的字幕
  D. 可以调整视频的不透明度

3. 将图3.118所示轨道2的音乐一分为二,使用的工具是(   )。

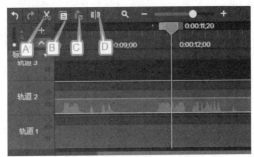

图 3.118 分割媒体的工具

A. 剪切　　　　　B. 复制　　　　　C. 粘贴　　　　　D. 拆分

3.6 上机练习

练习 1　录制旁白

主要操作步骤提示：
(1) 录制一段旁白。
(2) 对音频片段进行降噪处理。
(3) 选择音频片段对音量进行调整。
(4) 选择音频片段中不需要的部分将其删除。

练习 2　使用模板制作微课视频的片头

主要操作步骤提示：
(1) 打开"库"界面，选择动画片头模板并将其放置到轨道中。
(2) 修改片头模板中的文字。

第4章 微课视频的录制

Camtasia 可以轻松地记录屏幕上的操作,并嵌入 PowerPoint 中进行录制,还可以配合摄像头录制教师的授课过程及实物展示,使用麦克风录制语音旁白,真正实现录制的简单化、多样化。CamRecorder 录像机能够在录制时在屏幕上画图、添加效果等。本章将介绍使用 Camtasia 录屏的操作技巧。

本章主要内容:
- 录制前的准备
- CamRecorder 录像机设置
- 录制 PPT
- 添加水印和板书效果

4.1 微课录制的前期准备

微课的制作是一项系统工程,需要精心的准备以及软、硬件的配合才能让微课的制作变得高效。

4.1.1 准备工作

在微课录屏前至少要做好三方面的工作:一是脚本设计,二是硬件方面的准备工作,三是软件的安装。

1. 脚本设计

微课脚本是微课录制的指南,一般来说最好按照逐字稿的标准撰写。每个环节提前设计好,并分配好时间,不能"拿来主义",要有自己的见解,有思想、有价值、有创新,真正起到"指南"的作用。脚本设计参考模板如表 4.1 所示。

2. 硬件准备

根据微课的制作技术不同,可将微课分为录屏类微课、拍摄类微课、软件合成类微课和混合类微课,不同类型的微课使用的制作工具不同。

- 录屏类微课:配有麦克风、音箱、摄像头(录制画中画需要)的多媒体计算机;合适的光源。
- 拍摄类微课:录播教室或高清摄像机、数码相机或带摄像头的智能手机、计算机摄像头等;纸、笔、白板(或黑板)、实验教具等;合适的光源。
- 软件合成类微课:计算机、手写板等。
- 混合类微课:上述 3 种类型微课的制作所需要硬件中的若干种。

表 4.1　微课脚本设计模板

录制时间：　年　月　日　　　　　　　　　　　　　　　　　　　微课用时：5～10 分钟

系列名称	
本微课名称	
知识点描述	
知识点来源	□学科：　　　年级：　　　教材：　　　章节：　　　页码： □不是教学教材知识,自定义：
基础知识	听本微课之前需了解的知识：
教学类型	□讲授型　□问答型　□启发型　□讨论型　□演示型　□联系型　□实验型 □表演型　□自主学习型　□合作学习型　□探究学习型　□其他
适用对象	学生：本微课是针对本学科平时成绩多少分的学生？ 　　　　□40 分以下　　　□40～60 分　　　□60～80 分 　　　　□80～100 分　　□100～120 分　　□120～150 分 教师：□班主任　　　　□幼儿教师　　　□普通任课教师　　□其他 其他：□软件技术　　　□生活经验　　　□家教　　　　　　□其他
设计思路	

教学过程			
	内容	画面	时间
片头 （20 秒以内）	内容：您好,本节微课重点讲解…… （注：微课面对个体,不面对群体,用"您好"不用"大家好"）	第　至　张幻灯片	20 秒以内
正文讲解 （4 分 20 秒左右）	第一节内容：	第　至　张幻灯片	秒
	第二节内容：	第　至　张幻灯片	秒
	第三节内容：	第　至　张幻灯片	秒
结尾 （20 秒以内）	内容：感谢您认真听完这个微课,我的下一个微课将讲解……（①微课的单位是"个"；②微课的真正意义以"系列微课"体现,结尾应宣传您的下一个微课）	第　至　张幻灯片	20 秒以内
教学反思 （自我评价）			

说明：学科不同,知识的特点不同,可以适当增减环节。

3. 软件准备

软件需要准备 Camtasia 等录屏软件以及办公软件、图像处理软件、音频处理软件、动画制作软件等。

4.1.2 录屏的注意事项

在微课视频的录制过程中,录制的视频质量直接影响最终效果。在使用 Camtasia 录制微课时,经常会有一段简短视频多次录制却无法达到预期的情况。下面对录屏过程中的一些技巧进行介绍。

1. 录课前环境的细节处理

安静的环境是保证录制效果的必要条件。通常,计算机桌面仅放置与课程相关的图标;隐藏任务栏;调整好屏幕分辨率;关闭与课程无关的应用程序;PPT 或课件播放时不允许出现悬浮输入法窗口;在使用浏览器时隐藏收藏夹,避免显示个人隐私与无关内容。

2. 录课前进行预录

微课的特点是短小精悍,因此录制者完全有条件预录。

微课的录制效果不尽如人意多数是语言失误。录课者要特别注意讲解内容与屏幕显示内容契合,让讲解的起承转合自然、流畅,减少正式录制时的失误,节约后期制作时间。

3. 录屏的两种方式

如果录课者对课程安排和讲解内容熟记于心,可以选择一次性录制。在录制过程中如果出现失误,可以将出错部分重新录制,录制完成后在 Camtasia 中进行编辑。

对于大多数录课者来说,零失误完成大段视频的录制是非常困难的,因此在录制时可以采用分段录制的方式,将整个课程内容划分为若干段,对每一段的内容分别进行录制,然后在 Camtasia 中对录制的内容进行整合。对于时间较长、展示内容复杂或讲解内容较多的微课,采用分段录制能提高录制效率。

分段录制的方式也存在不足,最大的问题是相邻视频衔接上的细节差异,如在前一段视频末尾,屏幕上鼠标指针放置在屏幕左侧的某个位置,在结束该段视频的编辑处理后进行下一段视频的录制时,为了保证两段视频的无缝衔接,必须确保鼠标指针放置到原来的位置,诸如此类的细节问题还有很多,这些问题会直接影响后期视频的连续性。

4. 录制时多用快捷键

录屏时经常需要对录制进行控制,如开始、暂停或停止等。对于此类操作,使用 Camtasia 的快捷键更加便捷。例如,在录制前按 F9 键启动屏幕录制,在录制中按 F9 键暂停屏幕录制,再次按下该键继续录制,按 F10 键停止当前视频录制。

4.2 CamRecorder 录像机简介

CamRecorder 是 Camtasia 内置的录制工具,可以灵活地录制屏幕,能在任何颜色模式下记录屏幕动作,包括影像、音效、鼠标移动的轨迹、解说声音等,支持声音和摄像头同步,录制后的视频可直接输出为常规视频文件或导入 Camtasia 中剪辑输出。

4.2.1 CamRecorder 的工作界面

单击 Camtasia 工作界面中的"录制"按钮 或者按快捷键 Ctrl+R 打开 CamRecorder 录像机,也可以直接启动安装程序中的 CamRecorder 录像机。

CamRecorder 录像机工作界面中包含菜单栏、选择区域、已录制输入和 rec 按钮,如图 4.1 所示。

图 4.1　CamRecorder 录像机工作界面

- 菜单栏:包含"捕获""效果""工具""帮助"菜单项,单击某一菜单项可以打开若干可执行的命令。
- 选择区域:录制区域的选择设置。选择"全屏"录制的是满屏。在"自定义"中提供了下拉菜单,可以选择录制的区域以及录制的程序窗口。"规格"选项用于根据录制的需要输入宽度和高度值。"锁定" 用于锁定并保持宽高比。
- 已录制输入:录制输入的相关属性设置,包含"相机""音频""音频输入"3 项。
- "rec"按钮:录制开关。单击 或按 F9 键进入录制倒计时界面,按 F10 键停止录制。

4.2.2 录屏前的常规设置

在使用 CamRecorder 录像机进行屏幕录制时,为了保证录屏操作的顺利和录制的高效性,录课者应根据操作的需要对录屏进行设置。

1. 显示功能提示

(1)启动 Camtasia 软件,在图 4.2 所示的界面中单击"新建项目"选项,新建一个空白项目。在程序窗口中单击"录制"按钮 ,启动 CamRecorder 录像机。

(2)在打开的 CamRecorder 录像机工作界面中选择"工具"|"选项"命令,打开"工具选项"对话框,在该对话框中可以对录制的参数进行详细设置。打开"常规"选项卡,可以对 CamRecorder 录像机工作界面、捕获方式以及捕获视频的保存方式进行设置。勾选"显示工具提示"复选框,如图 4.3 所示,在将鼠标指针放置到 CamRecorder 录像机工作界面的工具按钮上时会显示功能提示,如图 4.4 所示。

2. 设置录制视频的保存方式

(1)在"工具选项"对话框的"常规"选项卡中,"正在保存"设置项用于设置录制视频的保存方式。打开"录制为"下标列表,其中默认的选项为".trec",该格式的录屏文件只能使用 Camtasia 打开,选择".avi"选项,录制的视频将保存为 *.avi 格式,如图 4.5 所示。

(2)单击"文件选项"按钮打开"文件选项"对话框,在该对话框中可以对输出文件的文件名进行设置,还可以指定保存输出文件的文件夹。如果选择"自动文件名"单选按钮,在

图 4.2　单击"新建项目"选项

图 4.3　勾选"显示工具提示"复选框

图 4.4　显示功能提示

第 4 章　微课视频的录制

图 4.5　选择文件格式

"前缀"文本框中输入文件名的前缀。单击"输出文件夹"下拉列表右侧的 按钮打开"浏览文件夹"对话框,选择用于保存录屏文件的文件夹,如图 4.6 所示。单击两次"确定"按钮完成设置。

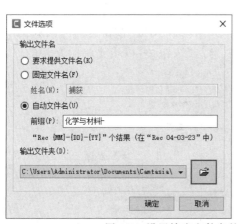
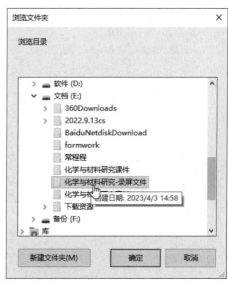

图 4.6　设置输出文件名的前缀和保存录屏文件的文件夹

专家点拨：在图 4.6 所示的"文件选项"对话框中选择"要求提供文件名"单选按钮,在每次保存录制的视频时,程序会打开 Camtasia Recorder 对话框要求输入文件名。选择"固定文件名"单选按钮,在其下的"姓名"文本框中输入文件名,在保存录制的视频时,视频文件都将使用该文件名。需要注意的是,由于保存视频的文件名是固定的,第二次保存视频时会有文件名冲突,Camtasia 会给出提示界面,如图 4.7 所示,单击"确定"按钮,Camtasia 将打开如图 4.8 所示的对话框,用户可以更改文件名和保存文件的文件夹。

（3）在进行屏幕录制时,Camtasia 会生成录屏临时文件,因为录屏临时文件比较大,所

图 4.7　提示界面

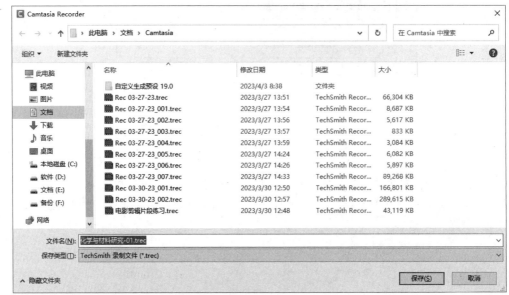

图 4.8　Camtasia Recorder 对话框

以保存的位置尽量不要选择 C 盘。在"常规"选项卡中单击"浏览"按钮，打开"浏览文件夹"对话框，选择用于保存临时文件的文件夹后单击"确定"按钮，可以指定临时文件的保存位置，如图 4.9 所示。

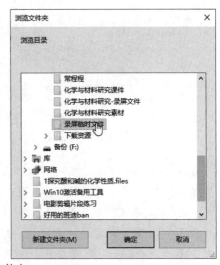

图 4.9　设置临时文件夹

（4）在完成上述设置后进行录制操作，录制的视频以设定的文件格式保存在指定的文件夹中。文件名按照视频录制的先后顺序自动使用"前缀-"＋数字的格式，如图4.10所示。

图 4.10　文件按设置的文件名和格式保存在指定的文件夹中

3．"程序"和"热键"选项设置

（1）在进行屏幕录制时，为了让操作动作避免出现"越界"的情况，用户需要随时了解录屏范围。在"工具选项"对话框中打开"程序"选项卡，在"区域外观"下拉列表中选择相应的选项，可以设置在录屏时用于标示录制区域的矩形框的样式。如果选择"角"选项，在录屏时只标示录屏区域的边角，如图4.11所示。如果选择"矩形"选项，在录屏时以矩形框的形式标示整个录屏区域，如图4.12所示。

图 4.11　在录屏时只标示录屏区域的边角

专家点拨：在"工具选项"对话框的"程序"选项卡中勾选"辉光捕获矩形"复选框，在录

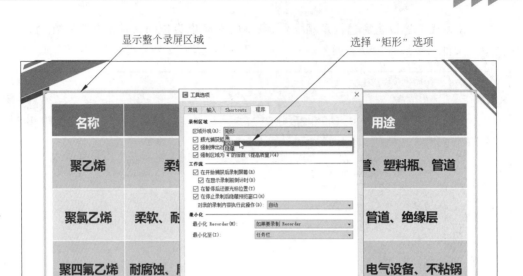

图 4.12　在录屏时标示整个录屏区域

屏时标示捕获区域的矩形框将会闪烁,这样既可以突出屏幕上的录制区域,也可以提示用户当前正处于录制状态。

(2) 在"工作流"设置栏中勾选"在开始捕获后录制屏幕"复选框和"在显示录制前倒计时"复选框,如图 4.13 所示,在 CamRecorder 录像机工作界面中单击 rec 按钮,屏幕上会显示倒计时,延迟 3 秒后开始正式屏幕录制,如图 4.14 所示。3 秒的延迟让用户能够在正式录制前有最后的准备时间。如果取消"在显示录制前倒计时"复选框的勾选,录屏不再延时,Camtasia 直接开始屏幕的录制。

图 4.13　勾选"在显示录制前倒计时"复选框

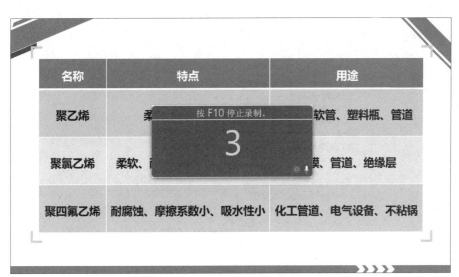

图 4.14　录制前的倒计时

专家点拨：在录屏前，用户可以预留更多的时间为录制作准备，在图 4.13 所示的"程序"选项卡中取消"在开始捕获后录制屏幕"复选框的勾选，用户可以通过 CamRecorder 录像机工作界面自主控制正式录制的开始时间，如图 4.15 所示。

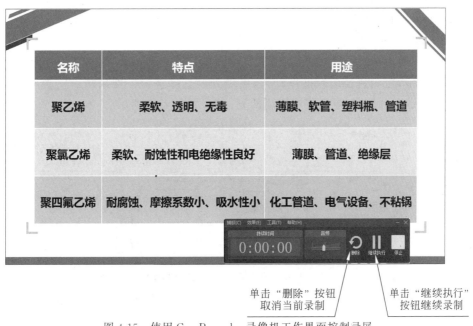

图 4.15　使用 CamRecorder 录像机工作界面控制录屏

（3）默认情况下，"工作流"设置栏中的"在停止录制后隐藏预览窗口"复选框处于选中状态。如果取消该复选框的勾选，在录制完成后，录制的视频将在预览窗口中打开，用户可以对视频进行预览。勾选该复选框，"对我的录制内容执行此操作"下拉列表可用，选择"自动""保存""生成"或"添加到媒体箱"选项决定最后所生成视频的存放，如图 4.16 所示。

专家点拨：在"对我的录制内容执行此操作"下拉列表中选择"自动"选项，录制的第一

图 4.16　设置录制完成后视频的存放

个视频将自动添加到时间线轨道上和媒体箱中,此后录制的视频自动添加到媒体箱中,不会放置到当前项目的时间线轨道上。选择"保存"选项,录制的视频直接保存。选择"生成"选项,录制的视频将自动生成为可播放的视频文件。选择"添加到媒体箱"选项,录制的视频将放置到 Camtasia 媒体箱中。

(4) 为了方便录像操作,Camtasia 提供了热键设置功能。在"工具选项"对话框中打开 Shortcuts 选项卡,左侧列表选择操作动作,右侧列表选择按键。如果按键需要与 Ctrl 键、Shift 键和 Alt 键配合使用,可以勾选相应的复选框,如图 4.17 所示。

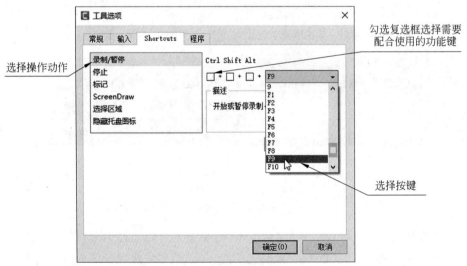

图 4.17　设置热键

(5) 除了使用热键控制录制操作外,还可以使用 CamRecorder 录像机工作界面对录制进行控制。正在录制时的 CamRecorder 录像机工作界面与开始录制前的工作界面有所不

同。在CamRecorder录像机工作界面中选择"工具"|"正在录制工具栏"命令打开"录制工具栏"对话框,在对话框中勾选复选框设置CamRecorder录像机工作界面中显示的功能按钮,如图4.18所示。在录制时,CamRecorder录像机工作界面将显示选择的功能按钮,如图4.19所示。

图4.18 "录制工具栏"对话框

图4.19 录制屏幕时的CamRecorder录像机工作界面

专家点拨：在"工具选项"对话框的"程序"选项卡的"最小化Recorder"下拉列表中选择"始终"选项,录屏时CamRecorder录像机工作界面不会被录制,如图4.20所示。其余两个选项均可使CamRecorder录像机工作界面在录制时被录制。

图4.20 设置CamRecorder录像机工作界面是否被录制

4.2.3 设置录屏区域

在录制前首先要设定录屏区域的大小和位置,下面介绍对录屏区域进行设置的常用方法。

1. 精确地设置录屏区域

(1) 在 CamRecorder 录像机工作界面中单击"全屏"按钮,录屏区域将被设置为当前显示器的全屏区域。单击"自定义"按钮旁的下拉小三角,选择相应的选项,可以将录屏区域设置为预设的大小,如图 4.21 所示。

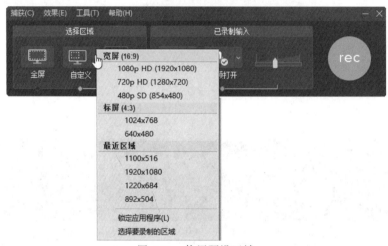

图 4.21 使用预设区域

(2) 在 CamRecorder 录像机工作界面的"规格"文本框中输入数值可以精确地设置录屏区域的大小。单击"规格"文本框旁的"锁定"按钮可以锁定录屏区域的宽高比,此时只需要在一个文本框中输入数值,程序将自动根据现有的宽高比调整录屏区域的大小,如图 4.22 所示。

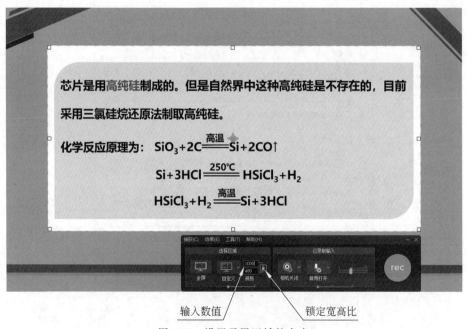

图 4.22 设置录屏区域的大小

2. 手动设置录屏区域

（1）在 CamRecorder 录像机工作界面中单击"自定义"按钮旁的下拉小三角,选择"选择要录制的区域"选项。在屏幕上按住鼠标左键移动鼠标将绘制录屏区域,屏幕的右下角或左上角将显示鼠标移动位置的放大图,以方便录屏区域的绘制,如图 4.23 所示。

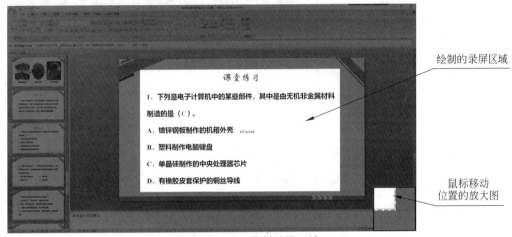

图 4.23　绘制录屏区域

（2）Camtasia 以带有控制柄的虚线框来标示录屏区域,拖动边框上的控制柄可以设置录屏区域的大小,拖动虚线框内的箭头可以移动整个虚线框,如图 4.24 所示。

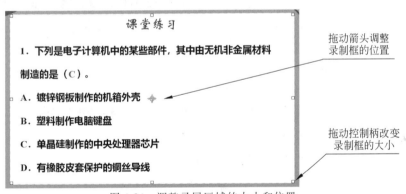

图 4.24　调整录屏区域的大小和位置

3. 锁定应用程序窗口

（1）激活应用程序窗口,在 CamRecorder 录像机工作界面中单击"锁定"按钮,使宽高比处于解锁状态,单击"自定义"按钮旁的下拉小三角,选择"锁定应用程序"选项,应用程序窗口将自动缩放为设定的录屏区域大小,录制框自动套住应用程序窗口,如图 4.25 所示。

（2）锁定应用程序后,调整录制框的大小,应用程序窗口的大小将自动更改为录制框的大小。调整应用程序窗口的位置,录制框会自动调整,以保证程序窗口被框住,如图 4.26 所示。

4.2.4　音频录制的设置

声音是微课中必不可少的素材,在微课中除了可以直接使用外部的声音文件外,还可以通过录音的方式获取声音素材。Camtasia 录音一般分为两种情况:一种是录制系统声音,

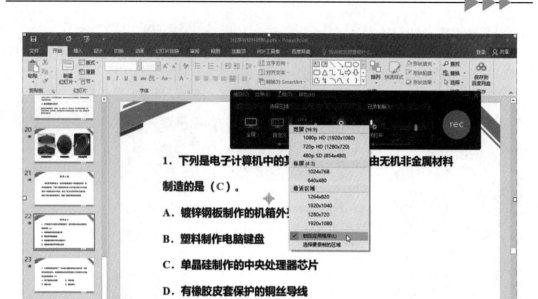

图 4.25 锁定应用程序

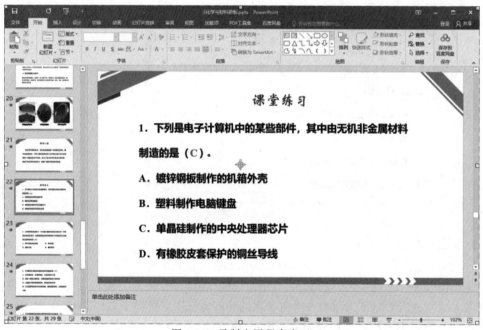

图 4.26 录制应用程序窗口

另一种是录制来自麦克风的外部声音。下面介绍音频录制的设置方法。

(1) 将计算机连接麦克风,在 CamRecorder 录像机工作界面中选择"工具"|"选项"命令,然后在"工具选项"对话框的"输入"选项卡的"音频设备"下拉列表中选择"麦克风"选项,指定音频输入设备,如图 4.27 所示。

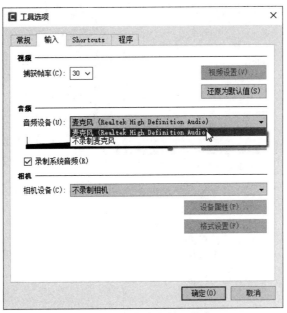

图 4.27 指定音频输入设备

（2）录音前可以对录音的音量进行调试，以获得最佳录音效果。图 4.27 中"音频设备"下方的麦克风音量级别调节滑块用于调节麦克风音量的大小。

（3）"录制系统音频"用于录制在线视频或 PPT 课件中的声音。在"音频设备"下拉列表中选择"不录制麦克风"选项，只勾选"录制系统音频"复选框，"相机设备"选择"不录制相机"，如图 4.28 所示，在录制时将只录制计算机播放的系统声音，录屏后的视频只在一条轨道上。

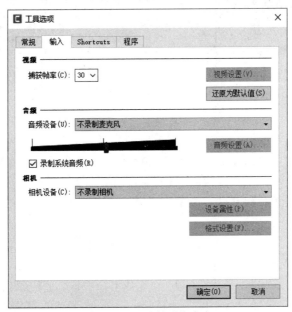

图 4.28 只录制系统声音

（4）在"音频设备"下拉列表中选择"麦克风"，勾选"录制系统音频"复选框，"相机设备"选择合适的摄像头，如图 4.29 所示，录屏后的视频占用两条轨道，如图 4.30 所示。

图 4.29　各选项全部选中

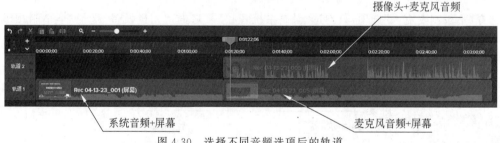

图 4.30　选择不同音频选项后的轨道

专家点拨：上面介绍的操作也可以直接在 CamRecorder 录像机工作界面中进行。在 CamRecorder 录像机工作界面中可以选择关闭麦克风，也可以选择计算机内置的麦克风，还可以选择 USB 连接的外置麦克风。 表示音频输入录制已启用，单击"音频打开"按钮旁的下拉小三角 可以设置音频输入源，调节和控制音频输入的总音量。 表示音频输入录制已禁用，再次单击该按钮可以启用音频录制。

4.3　录制微课

录制屏幕是制作微课的一个重要步骤，在完成 Camtasia 的常规设置后就可以进行录屏操作了。本节将介绍对录屏的控制以及录制 PowerPoint 课件的有关知识。

4.3.1　控制屏幕的录制

单击 CamRecorder 录像机工作界面中的 rec 按钮，Camtasia 将开始对选定区域进行录屏,如图 4.31 所示。

图 4.31　开始屏幕录制

在录制屏幕时,可以使用正在录制的 CamRecorder 录像机工作界面对录屏进行控制,如图 4.32 所示。

图 4.32　正在录制的 CamRecorder 录像机工作界面

- "统计信息"栏：显示相关的录制信息,包括"已下降"(丢弃的帧数)、播放"速率"(即每秒播放的帧数)、"帧",在录制视频的过程中"速率"后的数值会不断增加。
- "持续时间"栏：显示录屏的时长,用户可以通过它了解视频录制的时间。
- "音频"栏：使用鼠标左右拖曳音量条滑块可调节录制音频的音量。
- "相机"栏：包含一个预览窗口,可显示摄像头获取的计算机外部画面。
- "效果"栏：在录制视频时为视频添加绘图、标记等的工具栏。
- "删除"按钮：单击该按钮,将停止当前视频的录制并将录制的结果删除。
- "暂停"按钮：在录屏时单击该按钮将暂停录制,再次单击则继续录屏。
- "停止"按钮：单击该按钮,将停止当前屏幕的录制。

4.3.2　相关参数的设置

录制屏幕和录制 PPT 都是使用 Camtasia 自带的摄像机。在录制 PPT 前还需要对相关参数进行设置。在 CamRecorder 录像机工作界面的"选择区域"栏中选择"全屏"。在"工具选项"对话框中将"输入"选项卡中的"捕获帧率"设置为 30。"音频设备"选择"麦克风",勾选"录制系统音频"复选框,"相机设备"选择"不录制相机",其他参数默认。

4.3.3 PowerPoint 课件的录制

PowerPoint 加上 Camtasia 是一种简单、实用的微课制作方式，使用 Camtasia 录制 PowerPoint 课件有 3 种方式：一种方式是使用 Camtasia 的录像机直接录制，另一种方式是使用 Camtasia 的 PowerPoint 插件进行录制，还有一种方式是直接将 PPT 文件导入 Camtasia 中。

1. 直接录制

直接录制 PowerPoint 实际上与普通的录屏操作一样，方法如下。

（1）打开 Camtasia 2019 工作界面，单击"录制"按钮 ，启动 CamRecorder 录像机。

（2）播放 PPT 课件。

（3）在 CamRecorder 录像机工作界面中单击"录制"按钮 或按 F9 键开始录制。

（4）在录制完成后单击"停止"按钮 或按 F10 键停止录制。PPT 静态画面的录制效果如图 4.33 所示。

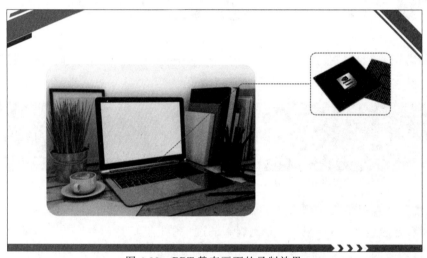

图 4.33　PPT 静态画面的录制效果

直接录制 PPT 的优势是每张幻灯片的播放时间由录制者自由掌控，但此方法或多或少都会录制到一些冗余的画面，若想得到"纯粹"的 PPT 视频，还需要后期的剪辑，这无疑增加了工作量。

2. 使用插件录制

Camtasia Studio 2019 提供了 PowerPoint 录屏插件，使用该插件可以直接在放映 PowerPoint 幻灯片时对画面的内容进行录制。在 PowerPoint 菜单栏的"加载项"下可以看到该插件的按钮。如果没有出现该插件的按钮，可以在 PowerPoint 中进行设置。下面以 PowerPoint 2016 为例介绍该插件的加载和使用方法。

（1）启动 PowerPoint 2016，打开需要录制的微课课件，单击"文件"菜单项，在左侧列表中选择"选项"，如图 4.34 所示。

（2）打开"PowerPoint 选项"对话框，在左侧列表中选择"加载项"选项，单击右侧的"转到"按钮，如图 4.35 所示。打开"COM 加载项"对话框，在其中选中 Camtasia Add-in 复选

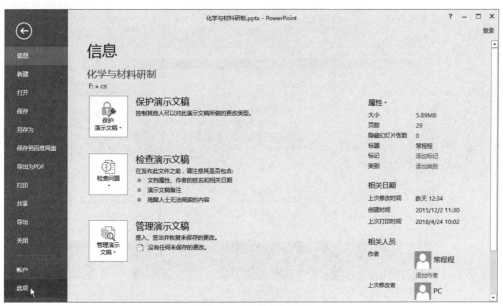

图 4.34 选择"选项"

框,如图 4.36 所示。单击"确定"按钮,Camtasia 软件将直接作为加载项嵌入 PowerPoint 软件中。

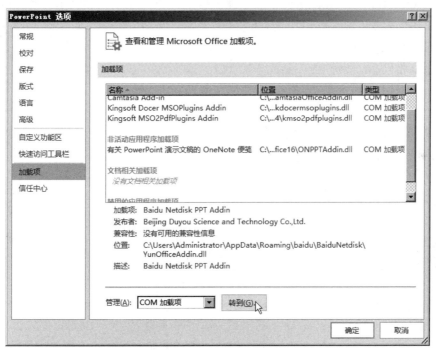

图 4.35 "PowerPoint 选项"对话框

(3) 在 PowerPoint 2016 的菜单栏中添加了"加载项"菜单项,单击该菜单项,在"自定义工具栏"中显示了 Camtasia 录制插件的 5 个按钮,分别是录制、录制音频、录制相机、显示相机预览、录制选项,如图 4.37 所示。

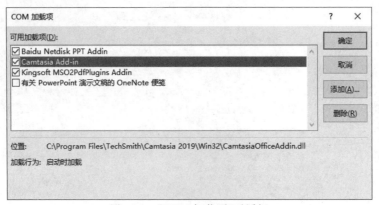

图 4.36 "COM 加载项"对话框

图 4.37 Camtasia 录制插件按钮

- 录制：单击该按钮 PPT 进入放映模式，在屏幕的右下角会出现录制提示窗口。
- 录制音频：在录制 PPT 时，如果需要录制 PPT 中的声音或讲解声，需要单击该按钮，使其处于状态。
- 录制相机：录制 PPT 实质上是录制 PPT 放映窗口，单击该按钮，在录制 PPT 窗口的同时录制计算机外部，即讲解者的画面与声音，与录制的 PPT 形成画中画效果。
- 显示相机预览：通过摄像头录制的画面，如果用户想看到，单击该按钮打开预览窗口即可预览。
- 录制选项：单击该按钮，打开"Camtasia 加载选项"对话框，录制选项主要包括程序、视频与音频、画中画、键盘快捷键四部分，如图 4.38 所示。在对 PowerPoint 进行录制前，可以对录制选项进行设置。

（4）在"加载项"菜单中单击"录制"按钮，此时演示文稿自动进入播放状态，屏幕的右下角会出现录制提示窗口，在该窗口中可以通过拖动滑块来调节麦克风的音量，单击"单击可开始录制"按钮 开始录制 PPT，如图 4.39 所示。在录制过程中有几组常用的快捷键，其中 Ctrl＋Shift＋F9 为暂停，Ctrl＋Shift＋F10 或 Esc 键为停止。

（5）录屏开始，用户控制幻灯片的播放，在 PPT 放映结束后 Camtasia 插件会给出提示，如图 4.40 所示。单击"停止录制"按钮结束当前屏幕录制，并打开"将 TechSmith 录制另存为"对话框，用户可以根据需要将录屏文件保存到指定位置，如图 4.41 所示。单击"保存"按钮，插件将打开 Camtasia for PowerPoint 对话框，用户可以使用该对话框选择直接输出为视频或者打开 Camtasia 2019 进行编辑，如图 4.42 所示。

（6）选择"编辑您的录制"单选按钮，单击"确定"按钮，将录制的 PPT 视频添加到媒体箱

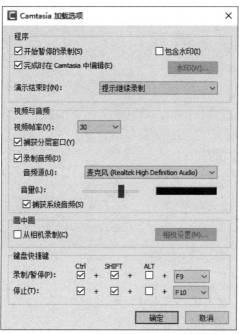

图 4.38 "Camtasia 加载选项"对话框

图 4.39 单击"单击可开始录制"按钮开始录制 PPT

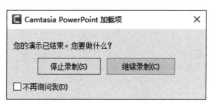

图 4.40 Camtasia 插件提示

图 4.41 "将 TechSmith 录制另存为"对话框

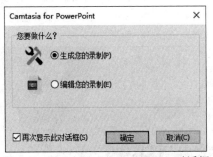

图 4.42 Camtasia for PowerPoint 对话框

中,拖动该视频到时间线轨道上,此时会弹出"导入 PowerPoint 幻灯片备注"对话框,如图 4.43 所示。如果不想导入,直接单击"否"按钮。

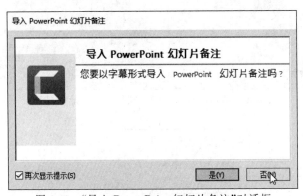

图 4.43 "导入 PowerPoint 幻灯片备注"对话框

(7) 导入轨道上的视频在每张幻灯片结束的位置都自动添加了标记,以方便用户在编辑时定位,如图 4.44 所示。

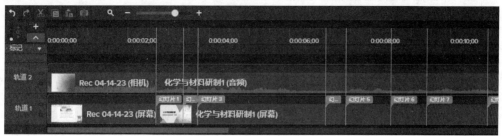

图 4.44　轨道上的视频

（8）录屏视频的文件格式为.trec，图标为红色胶片。.trec 是 Camtasia 特有的格式，需要提取里面的视频和音频才能在其他视频编辑器中编辑。在媒体箱中的视频文件上右击鼠标，选择"提取录制内容"命令，如图 4.45 所示。

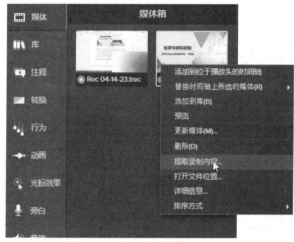

图 4.45　提取视频和音频

（9）在弹出的"选择文件夹"对话框中选择放置提取文件的文件夹，如图 4.46 所示，单击"选择文件夹"按钮，弹出"提取录制内容"对话框，选择需要提取的视频和音频，如图 4.47 所示，单击"确定"按钮完成提取。

（10）打开放置提取文件的文件夹，可以看到提取的 AVI 文件，如图 4.48 所示。如果想把录屏文件在低版本的 Camtasia 软件中编辑，也需要进行提取操作。

与常规录制相比，Camtasia 提供的 PPT 专属录制功能可以简化微课录制的流程，提高录制的效率。

专家点拨：一般情况下，需要先安装 Office 2016 再安装 Camtasia 2019，这样可以保证 Camtasia 软件作为加载项嵌入 PowerPoint 软件中。

3. 导入 PPT 文件

Camtasia 2019 可以直接导入 PPT 幻灯片，然后进行编辑。步骤如下：在工具箱上的"媒体箱"中单击"导入媒体"按钮，在弹出的"打开"对话框中选择 PPT 文件，然后单击"打开"按钮，导入 PPT 文件，如图 4.49 所示。

Camtasia 将每张幻灯片转换为 PNG 格式的图片，并添加到媒体箱中。按住 Ctrl 键单击媒体箱中的图片，选中的图片会出现黄色边框，将它们一起拖动到时间线上，图片将依次排列在

图 4.46 "选择文件夹"对话框

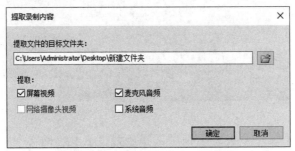

图 4.47 "提取录制内容"对话框

图 4.48 提取的文件

第 4 章 微课视频的录制 121

图 4.49 导入 PPT 文件

轨道上,如图 4.50 所示,接下来可以像其他媒体一样进行编辑。将其保存为.tscproj 格式的文件,用于后续编辑制作。如果已编辑完成,单击"分享"按钮 分享 直接生成视频文件。

图 4.50 将图片拖动到时间线上

另外,还可以在 PPT 文件上按住鼠标左键直接将其拖动到 Camtasia 媒体箱或时间线上,如图 4.51 所示。

和导入 PPT 文件一样,拖动到 Camtasia 中的 PPT 是一张一张的幻灯片,并且以图像的形式保存在媒体箱中。

4. 预览视频

在完成屏幕录制后,双击添加到媒体箱中的视频,打开"预览"窗口预览视频。如果需要对当前预览视频进行编辑处理,可以直接将视频拖动到时间线轨道上。如果对录制的效果不满意,需要先选中添加到轨道上的视频按 Delete 键删除,再选中媒体箱中的视频按 Delete 键删除。

图 4.51　将 PPT 文件拖动到媒体箱中

4.3.4　录制摄像头

当在微课中需要实景讲解或实物展示时,可使用 Camtasia 软件的摄像头录制功能进行辅助讲解,其步骤如下。

1. 开启摄像头

连接好摄像头,运行 Camtasia 2019 软件,单击界面左上角的"录制"按钮 ,启动 CamRecorder 录像机。单击"相机关闭"按钮 将其切换为"相机打开",打开摄像头设备,在小窗口中会出现一个实时的预览画面,移动鼠标指针到预览缩略图上,预览窗口被放大,如图 4.52 所示。

图 4.52　预览摄像头

2. 设置视频属性

在 CamRecorder 录像机工作界面中选择"工具"|"选项"命令打开"工具选项"对话框,在"输入"选项卡中单击"设备属性"按钮打开"属性"对话框,该对话框中包含"视频 Proc Amp"和"照相机控制"两个选项卡。在"视频 Proc Amp"选项卡中设置录制视频的亮度、对比度、色调、饱和度、清晰度等,在"照相机控制"选项卡中设置缩放、焦点、曝光、光圈等。如果用户使用的是笔记本式计算机自带的摄像头,"照相机控制"选项卡中的选项不能调整;如果是计算机外接相机,这些选项可以调整。

单击"设备属性"按钮,在弹出的"属性"对话框中设置数据流格式,包括视频格式和压缩。根据微课设计思路合理设置摄像头录制的属性、格式,调整视频的对比度、色调、输出大小等,如图 4.53 所示。

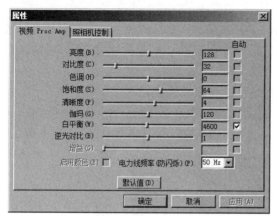
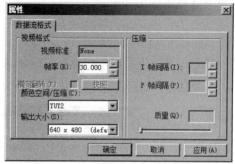

图 4.53　设置视频属性

3. 调整音量级别

使用 CamRecorder 录像机工作界面中的"音频输入"可以调整音频的音量,能够从音频表上看到相应的响应。如果音频电平在绿色到黄色范围,表示当前的音量合适;如果音频电平在橙色到红色范围,则表示音量不合适,可能会产生破音,这就需要拖动滑块来调整音量,如图 4.54 所示。

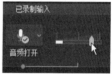

图 4.54　调整音量级别

4. 开始录制

单击 rec 按钮同时录制摄像头和屏幕画面,并保存录制视频,如图 4.55 所示。

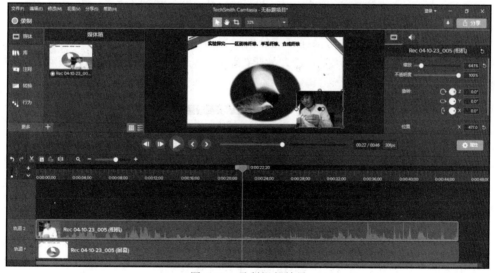

图 4.55　录制视频效果

4.3.5　录制光标效果

观看微课视频经常会有这样的问题,当鼠标操作过快时,要反复观看某一段视频来确定某一知识点或观点,这样既浪费了时间,也增加了学生理解的难度。如何才能让视频中的每一步操作都清晰展示呢？在录制微课视频时将光标设置为特殊效果可以解决这一问题。

1. 录制前添加光标效果

微课中录制光标效果的添加可分为录制前添加和录制后添加两种。录制前添加光标效果需修改录制视频的格式为".avi"，只有".avi"格式才会出现添加光标效果选项，再依据微课设计进一步设置。其具体操作步骤如下。

(1) 在 Camtasia 工作界面中单击"录制"按钮，打开 CamRecorder 录像机界面。

(2) 在录像机界面中选择"工具"|"选项"命令，打开"工具选项"对话框。

(3) 在"常规"选项卡中单击"录制为"后的小三角，选择".avi"格式，如图 4.56 所示。

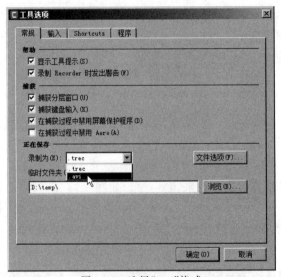

图 4.56　选择".avi"格式

(4) 图 4.57 是将录制视频的保存格式分别设置为".trec"和".avi"时的"效果"菜单对比。将录制视频的保存格式设置为".avi"后，"效果"菜单中会出现"光标"选项，用户可以在其中选择光标效果。

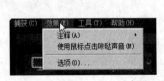

图 4.57　选择".trec"格式和".avi"格式时的"效果"菜单对比

- 隐藏光标：无光标效果。
- 显示光标：只有光标显示的效果。
- 单击时突出显示：显示光标，单击时会出现特殊效果。
- 突出显示光标：光标周围区域有高亮效果，并且显示光标。
- 单击时突出显示光标：光标周围区域有高亮效果，显示光标，单击时会出现特殊效果，但此时光标周围区域无高亮效果，松开鼠标后高亮效果又出现。

在录像机窗口中选择"效果"|"选项"命令，打开"效果选项"对话框，切换到"光标"选项卡，设置光标效果，如图 4.58 所示。

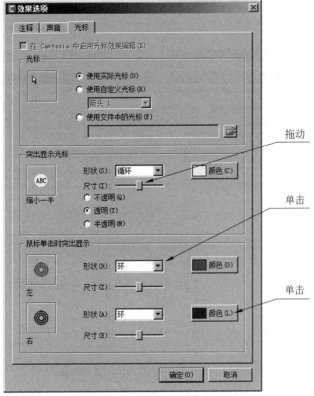

图 4.58 在录制前设置光标效果

(5) 选择"效果"|"光标"|"单击时突出显示光标"命令,为光标设置特殊效果。

(6) 单击 rec 按钮开始录制,在录制完成后返回 Camtasia 工作界面预览效果,如图 4.59 所示。

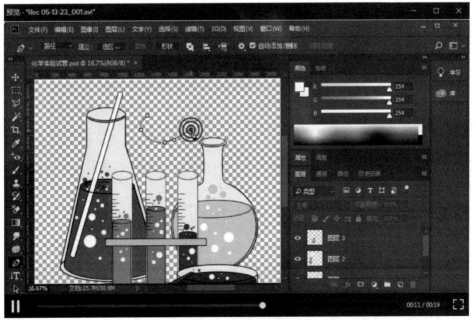

图 4.59 光标效果预览

专家点拨：当光标效果启用并设置后，在录制的视频中光标效果将被永久记录，且不能更改和除去。使用"突出显示光标"和"单击时突出显示光标"的效果如图 4.60 所示。

图 4.60 "突出显示光标"和"单击时突出显示光标"效果图

2. 在录制前后添加光标效果的区别

添加光标效果的顺序不同，所显示的效果和区域也会有所不同。

- 在录制前添加光标效果：在一个视频中只有一种光标效果并贯穿始终。
- 在录制后添加光标效果：在一个视频中可根据时间段设置多个光标效果，体现不同的特效，丰富画面效果。

4.4 水印和板书的添加

在使用 Camtasia 录屏时，可以根据需要为视频添加时间戳水印或文字水印。同时，在录制视频的过程中，Camtasia 允许用户在屏幕上绘制图形以标记或提示重要内容。本节将介绍为视频添加水印以及在录屏时绘制图形的操作方法。

4.4.1 添加水印

在制作微课时，有时需要在视频中添加一些注释文字，如当前时间、制作单位或制作者的信息等。这些注释文字将贯穿于视频播放的始终，对于此类注释文字可以直接在录屏时添加。用户可添加的水印有系统水印和文字水印两种，其中系统水印是当前的时间和日期信息，文字水印则是用户添加的说明文字。下面介绍添加水印的方法。

（1）在 CamRecorder 录像机工作界面中选择"效果" | "选项"命令打开"效果选项"对话框，在"注释"选项卡的"系统水印"栏中勾选相应的复选框设置时间戳包含的内容，如图 4.61 所示。

（2）单击"时间/日期格式"按钮打开"时间/日期格式"对话框，使用该对话框设置时间或日期的格式，如图 4.62 所示。

（3）在"效果选项"对话框中单击"系统水印选项"按钮，打开"系统水印选项"对话框，使用该对话框对文字样式和水印在屏幕上的位置等进行设置，如图 4.63 所示。

（4）在"效果选项"对话框的"字幕"下拉列表中输入文字，可以设置视频中显示的字幕文字，单击"字幕选项"按钮打开"字幕选项"对话框，在其中可以对字幕文字的样式和放置位置等进行设置，如图 4.64 所示。

（5）完成设置后单击"确定"按钮关闭"效果选项"对话框。为了使添加的系统水印和字

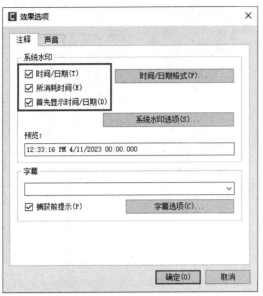

图 4.61 设置系统水印包含的内容

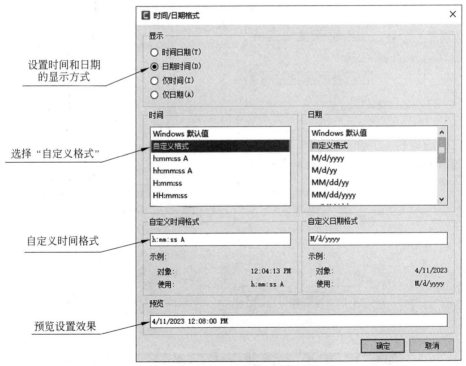

图 4.62 "时间/日期格式"对话框

幕在录制的视频中生效,必须在 CamRecorder 录像机工作界面中单击"效果"菜单项,在"注释"的下级菜单中勾选"添加系统水印"和"添加字幕",如图 4.65 所示。

(6) 在 CamRecorder 录像机工作界面中单击 rec 按钮,Camtasia 会打开"输入字幕"对话框,用户可以重新在该对话框中设置字幕文字,否则将使用上述第(4)步中设置的字幕,如

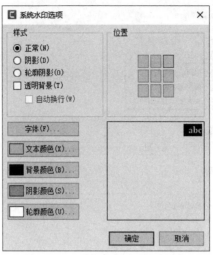

图 4.63 "系统水印选项"对话框

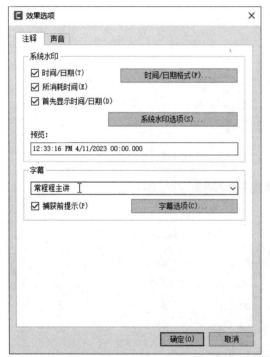

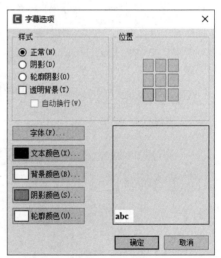

图 4.64 添加并设置字幕文字

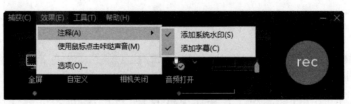

图 4.65 勾选"添加系统水印"和"添加字幕"

图 4.66 所示。这样，在录制视频时水印将根据设置添加到视频指定的位置，如图 4.67 所示。

图 4.66 "输入字幕"对话框

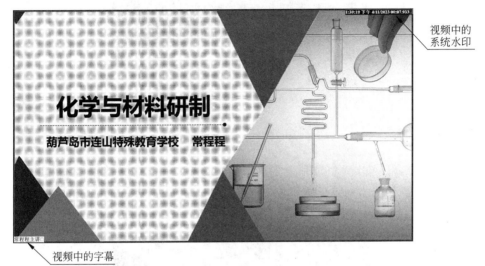

图 4.67 在视频中添加水印后的效果

4.4.2 添加板书效果

在放映 PowerPoint 幻灯片时，可以在屏幕上进行勾画，以实现对重点内容的标注和强调。在录制微课时，很多录课者都希望能够像平时上课那样，一边讲解，一边在屏幕上勾画，这样既可以配合讲解突出重点内容，又可以使录制的微课更接近真实的课堂。在使用 Camtasia 进行屏幕录制时，录课者可以在录制区域中勾画，这些勾画的内容和动作都将被录制下来。

（1）在 CamRecorder 录像机工作界面中选择"工具"|"正在录制工具栏"命令，在打开的"录制工具栏"对话框中勾选"效果"复选框，如图 4.68 所示，设置在 CamRecorder 录像机工作界面中显示该功能。

（2）在"工具选项"对话框的"程序"选项卡的"最小化 Recorder"下拉列表中选择"从不"选项，使 CamRecorder 录像机工作界面在录屏时可见。然后开始录屏操作，在 CamRecorder 录像机工作界面的"效果"栏中单击 ScreenDraw 按钮，如图 4.69 所示。

图 4.68 勾选"效果"复选框

（3）在 ScreenDraw 按钮的右侧将出现 3 个预设工具按钮，在预设工具按钮上单击即可选择该工具。单击某一预设工具后的下拉小三角 ▼，然后单击"工具"，在下级菜单中选择需要使用的工具，如图 4.70 所示。

图 4.69　单击"ScreenDraw"按钮

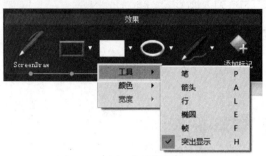

图 4.70　选择需要使用的工具

（4）选择工具后，再次单击该预设工具后的下拉小三角，选择"颜色"，在其下级菜单中选择相应的选项设置绘制图形的颜色，如图 4.71 所示。完成设置后，录屏区域中的鼠标指针变为形状，拖动鼠标即可完成图形的绘制，如图 4.72 所示。

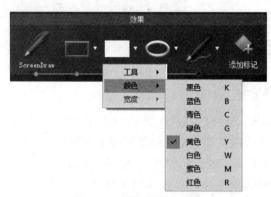

图 4.71　设置图形的颜色

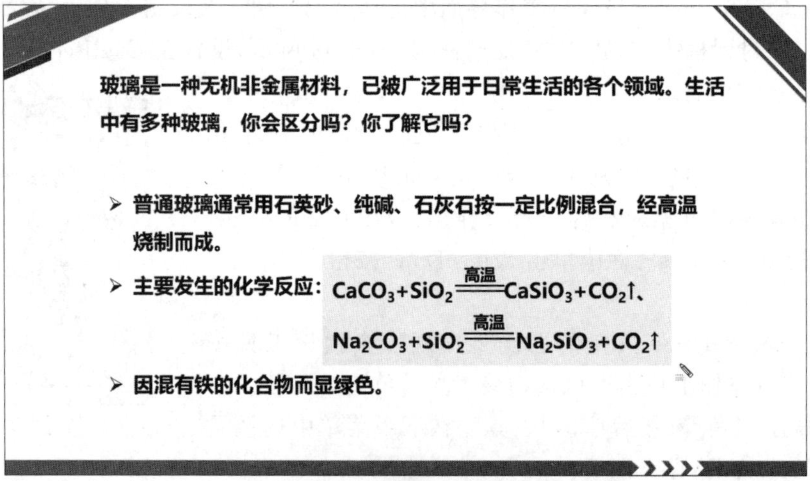

图 4.72　在屏幕上绘制图形

（5）如果选择绘制具有框线的图形，除了可以设置线条的颜色，还可以设置线条的宽度，如图 4.73 所示。

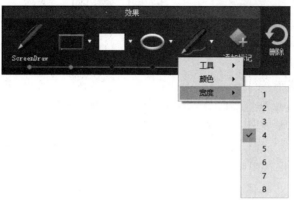

图 4.73　设置线条的宽度

专家点拨：建议用户在正式录制前对绘制工具的形状、颜色和线条宽度进行设置。在屏幕中绘制时，可以使用快捷键进行操作。按快捷键 Ctrl＋Shift＋D 打开绘图工具进入绘图状态，再次按快捷键 Ctrl＋Shift＋D 或 Esc 键退出屏幕绘制状态。如果用户对绘制的图形不满意，可以按快捷键 Ctrl＋Z 取消绘制的图形。另外，录制视频只能添加一个字幕，而且在录制的过程中不能更改字幕。

4.5　本章习题

一、填空题

1. 在 Camtasia 录屏过程中按_____键可以打开绘图工具进入绘图状态。

2. Camtasia 以带有控制柄的_____来标示录屏区域，拖动边框上的控制柄可以设置录屏区域的大小，拖动虚线框内的_____可以移动整个虚线框。

3. 在使用 Camtasia 软件录制网站视频资源的声音时，需要勾选"工具选项"对话框的"输入"选项卡中的_____复选框。

二、选择题

1. 关于使用 PowerPoint 录屏插件录制，下列说法中错误的是(　　)。

　　A. PowerPoint 录制插件必须在 PowerPoint 中启动

　　B. PowerPoint 录制插件不能加入摄像头

　　C. PowerPoint 切换页面时会自动添加标记

　　D. PowerPoint 录制插件不能在 WPS 中使用

2. 在录屏时，暂停录制后，按(　　)键继续录屏。

　　A. F10　　　　　B. F5　　　　　C. F9　　　　　D. F1

3. 下列操作中不能启动 CamRecorder 录像机的是(　　)。

　　A. 在程序文件夹中双击录屏程序

　　B. 双击鼠标打开已有的录屏文件

　　C. 单击 Camtasia 工作界面左上角的"录制"按钮

D. 在软件启动界面单击"新建录制"选项

4.6 上机练习

练习 1　使用 Camtasia 插件录制 PowerPoint 课件

主要操作步骤提示：

(1) 加载 Camtasia 插件，在 PowerPoint 的"加载项"菜单中单击"录制"按钮。

(2) 在幻灯片放映视图右下角的录制提示窗口中单击"单击可开始录制"按钮开始录制。

(3) 录制完成后保存视频文件。

练习 2　使用 Camtasia 获取视频网站上的视频素材

主要操作步骤提示：

(1) 启动 CamRecorder 录像机，打开视频网站上的视频，然后调整录屏区域的大小，使其框住网站上的视频。

(2) 开始播放视频并录制，在视频播放完后停止录制。

(3) 预览视频录制效果，单击 Camtasia 工作界面中的"分享"按钮 将录制的视频输出为需要的视频文件。

第 5 章 微课的编辑

微课的编辑是对已经录制好的微课视频进行编辑和美化,主要包括清除视频或音频中的错误;修改或调整媒体间不理想的衔接;修饰声音,搭配背景音乐;当涉及重难点时添加解说字幕等。通过对媒体编辑、清除微课中的错误来完善微课,以达到授课要求。

本章主要内容:
- 视频的编辑
- 音频的编辑
- 图像的编辑
- 文字的编辑
- 注释图形的编辑

5.1 编辑视频

使用 Camtasia 能够对录制完成的微课视频进行编辑处理,如对视频进行剪辑,更改视频片段的播放顺序以及调整视频的播放速度等。本节通过实例介绍使用 Camtasia 对微课视频进行常规处理的一些技巧。

5.1.1 剪辑和复制视频

1. 选择媒体片段

对置于轨道上的媒体进行编辑处理时,首先需要选中媒体或媒体的某部分,按住 Shift 键依次单击轨道上的媒体片段,这些媒体片段会同时被选中,如果要选择轨道上的单个媒体片段,只需单击该媒体片段即可,如图 5.1 所示。

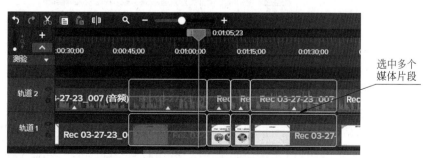

图 5.1 选中多个媒体片段

2. 移动和删除

媒体片段在轨道上的排列顺序决定了媒体的播放次序，排在前面的媒体片段首先播放。有时为了改变媒体的播放次序，需要在轨道上移动媒体片段，移动媒体片段只需按住鼠标左键拖动媒体片段到需要的位置后释放鼠标即可。这种操作既可以在当前的轨道中移动媒体片段的位置，又可以将该媒体片段放置到另外的轨道中。

在移动媒体片段的过程中，当媒体片段的头部与前面媒体片段的尾部对齐时，时间线上会显示一条黄色的对齐参考线，用户可以根据参考线来确定两段媒体是否对齐，这样在移动媒体片段时更容易实现媒体间的无缝对接，如图 5.2 所示。

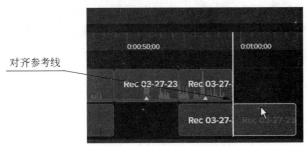

图 5.2　移动并对齐媒体

专家点拨：选择"视图"|"时间轴对齐"，在下级菜单中勾选相应的选项可以决定在时间线上显示哪种类型的参考线，如图 5.3 所示。

图 5.3　选择显示参考线的类型

在轨道中的媒体片段上右击鼠标，在弹出的快捷菜单中选择"删除"命令，或直接按 Delete 键，可以将该媒体片段删除，如图 5.4 所示。

3. 剪切、复制和粘贴

与大家熟悉的 Word 和 PowerPoint 相同，Camtasia 也可以对放置于轨道上的媒体进行剪切、复制和粘贴操作。下面介绍具体的操作方法。

（1）在轨道上选择需要操作的媒体区域，在时间线面板的工具栏中单击"剪切"按钮 或"复制"按钮 对选择区域进行剪切或复制操作，如图 5.5 所示。

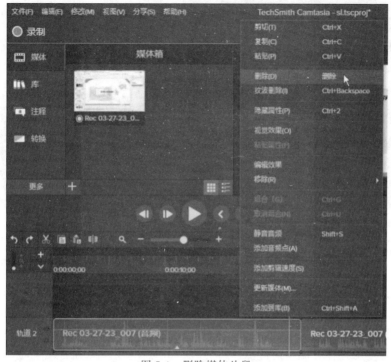

图 5.4　删除媒体片段

（2）将播放头移动到需要粘贴的时间点，在工具栏中单击"粘贴"按钮，剪切或复制的内容将被粘贴到播放头所在的位置，如图 5.6 所示。

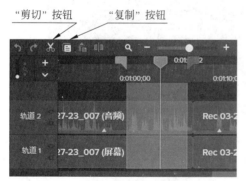

图 5.5　"剪切"按钮和"复制"按钮

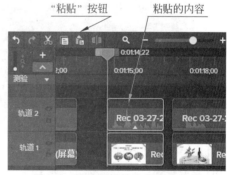

图 5.6　粘贴到播放头所在的位置

5.1.2　拆分和组合媒体

拆分视频是在视频编辑过程中用得最多的操作，如在完整的视频中插入图像，或在不同画面间添加转场效果、从视频中提取素材片段等都要用到拆分视频操作。

Camtasia 的组合功能是将多个媒体组合成一个整体，以方便用户操作。组合功能减少了轨道的占用，避免重复操作。通过组合可以对制作好的片段、复杂形状、多图等同时操作。如需多次使用某个组合，可以将其添加到资源库。

下面介绍拆分和组合的方法。

（1）运行 Camtasia 软件，新建项目后进入 Camtasia 软件界面。单击"导入媒体"按钮，将微课视频导入媒体库并添加到轨道上。

（2）向右拖动缩放条上的滑块拉长刻度尺，放大时间线，以方便用户更精准地选择、编辑媒体，如图 5.7 所示。

图 5.7　放大时间线

（3）定位好播放头的位置，选中视频，单击工具栏上的"拆分"按钮，视频将被拆分为两部分。

（4）轨道上拆分后的两段视频间出现了拆分线，移动鼠标指针到前一段视频结束的位置，鼠标指针变成双向箭头，向左拖动鼠标调整视频的结束位置，同样地，向右拖动鼠标可以调整后一段视频的开始位置，此时两段视频间出现空隙，可以插入其他媒体，如图 5.8 所示。如果多个轨道上的媒体在同一时间点上拆分，需选中所有需要拆分的媒体，单击"拆分"按钮实现一次性拆分。

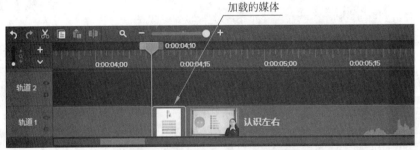

图 5.8　在拆分后的视频间加载媒体

（5）在调整好微课的视频、音频后，为了后面音频和视频同步，可以把它们组合成组，在选中的多个媒体上右击鼠标，选择"组合"命令，如图 5.9 所示。

（6）将多个媒体组合后，在已组合的媒体上方会显示组名和组中对象的个数，单击组名左侧的"打开或关闭组"按钮，如图 5.10 所示。展开组后可以对组中的对象进行单独的操作，如移动组中的媒体片段，如图 5.11 所示。

（7）在编辑媒体时，为了使轨道上的媒体条理清晰、易于操作，可以将轨道上的多个媒体片段按照相同的主题分组，分组完成后双击组名或者右击鼠标选择"重命名组"命令，然后输入组名，如图 5.12 所示。

（8）拆分和组合完成后保存项目，以备后面使用。

专家点拨：在轨道中的组媒体上右击鼠标，在弹出的快捷菜单中选择"取消组合"命令，可以取消分组。

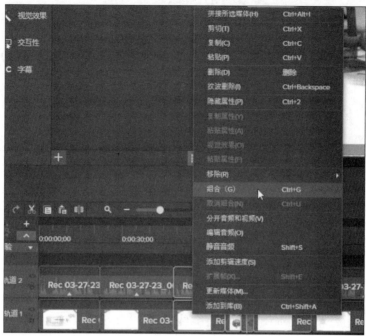

图 5.9　选择"组合"命令

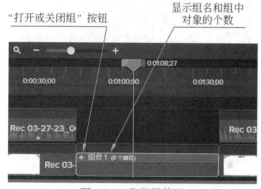

图 5.10　获得媒体组

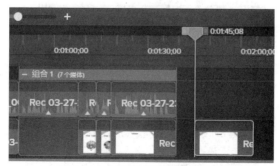

图 5.11　展开组后移动媒体片段

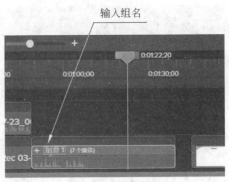

图 5.12 重命名组

5.1.3 扩展帧和插入时间

制作微课视频,有时需要为某个画面添加解说或注释,如果该画面一闪而过或者是持续的时间不够长,导致无法添加,可以通过扩展帧功能解决。扩展帧的操作方法如下。

将播放头置于视频片段的某一帧上,右击鼠标,在弹出的快捷菜单中选择"扩展帧"命令,输入扩展帧的持续时间,如图 5.13 所示,单击"确定"按钮完成视频片段上某一帧的加长操作,加长的时间段的两端会出现拼接线,如图 5.14 所示。

图 5.13 输入扩展帧的持续时间

图 5.14 视频片段上的某一帧加长

扩展帧的单位为秒,默认值是 1,输入的最小值为 0.1,最大值与媒体本身的时长有关。

如果输入值超出范围,系统会自动提示,如图5.15所示。

图 5.15 输入值超出范围提示

扩展帧也叫静帧或冻结帧,能够使当前时间点所处的画面持续指定的时间,但音频、图片等媒体素材无扩展帧功能。

专家点拨:扩展帧只能向后扩展,不能向前扩展。在完成扩展帧操作后,在扩展的帧上右击鼠标,在弹出的快捷菜单中选择"持续时间"命令,可以对扩展帧的持续时间进行重新设置。

与扩展帧相类似的操作是插入时间,该操作是在轨道上增加一个空白的时间片段,在制作微课时可以在这个空白的时间片段中插入所需的内容。下面介绍具体的操作过程。

(1) 选择一个选区,选区的长度是需要插入时间的长度,如图5.16所示。

图 5.16 选择选区

(2) 在选区上右击鼠标,在弹出的快捷菜单中选择"插入时间"命令,在轨道上将会插入一个空白的时间片段,如图5.17所示。

图 5.17 插入空白的时间片段

5.1.4 更改播放速度

调整媒体片段的播放速度可以获得快镜头或慢镜头效果,调整剪辑速度可以改变语速、控制微课视频的时长。下面介绍具体的操作方法。

在媒体片段上右击鼠标(特别提醒：必须是独立的媒体片段，不能是选择的媒体区域)，在快捷菜单中选择"添加剪辑速度"命令，其属性面板如图 5.18 所示，直接在"持续时间"栏中缩短或者加长音频的总时长，或者在"速度"对话框中输入调节的倍速，都可以改变媒体的播放速度。

将鼠标指针放置到轨道上已添加"剪辑速度"效果的视频的开始或结束位置，鼠标指针会变成如图 5.19 所示的形状，按住鼠标左键向左拖动视频会快速播放，向右拖动视频会慢速播放。

图 5.18　"剪辑速度"属性面板

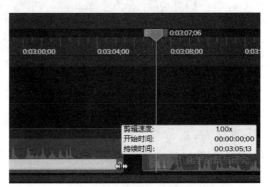

图 5.19　通过鼠标拖动调整"剪辑速度"

5.1.5　设置画中画效果

画中画是在主视频画面上同时插入一个或多个子视频画面，学生在观看主画面的同时能观看到其他视频画面，从而对主要学习内容起到补充作用，更有利于学生对学习内容的理解。

使用 Camtasia 制作画中画效果的具体方法如下。

(1) 定位好播放头的位置，将视频素材添加到原有视频轨道的上方，新素材与原有视频在不同的轨道上，轨道呈现上下叠加的效果，如图 5.20 所示。

图 5.20　素材上下放置

(2) 为了营造画中画效果，需要将第二段视频的尺寸调小，方法是直接在画布上拖动视频的边缘或者使用属性面板的缩放功能进行调整，如图 5.21 所示。

(3) 在工具箱中单击"视觉效果"标签，然后将"边框"效果拖动到轨道中的第二段视频上，并调整边框线条的颜色和粗细，为画中画添加边框效果，如图 5.22 所示。

(4) 在画布上调整第二段视频的位置，最终效果如图 5.23 所示。

用户还可以使用"视觉效果"中的"设备帧"特效制作在计算机上播放画中画视频的效果，如图 5.24 所示。

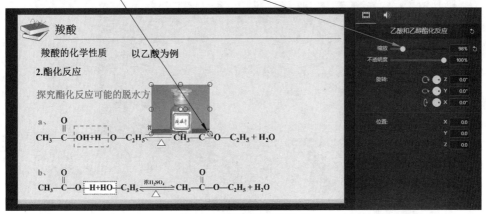

图 5.21 调整视频的尺寸

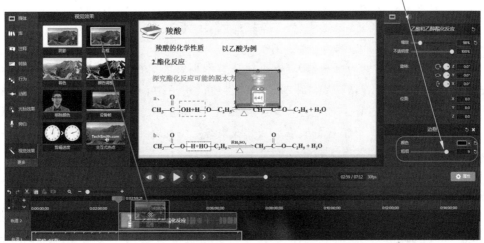

图 5.22 添加边框效果

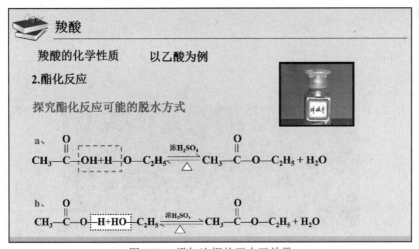

图 5.23 添加边框的画中画效果

图 5.24　使用"设备帧"特效实现画中画效果

5.2　编辑音频

现在许多微课不需要教师出镜,只有讲解和教学内容的呈现、分析等过程,这样教师的声音就显得尤为重要。在微课视频中教师的音量要大小适中,声音清晰、无杂音,不能忽高忽低,但在微课的录制过程中难免会有杂音,录制的视频也容易出现音量不一致的情况,这就需要对音频进行降噪、调整音量或添加音频效果等。下面介绍在 Camtasia 中处理音频的基本方法和技巧。

5.2.1　轨道中的音频

与传统的视频编辑软件(如 Premiere 和会声会影等)不同,Camtasia 没有专门的音频轨道,Camtasia 中的声音可以与视频合为一个整体置于同一轨道,也可以作为单独的对象放置在轨道中。如果对声音单独处理需要将声音放置在单独的轨道上,这样才能保证在编辑时不会影响到视频。

一般情况下,音频和视频作为一个整体放置在轨道上,在轨道中的视频片段上可以看到音频的波形,如图 5.25 所示。

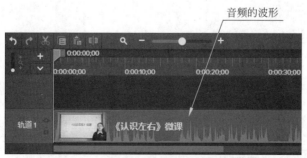

图 5.25　在视频片段中显示音频的波形

如果单独编辑声音需要将声音与视频分离,在轨道中的视频片段上右击鼠标,在快捷菜单中选择"分开音频和视频"命令即可,音频被分离后放置到一个独立的轨道中,如图 5.26 所示。

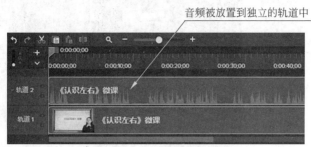

图 5.26　分离的视频和音频

与视频的编辑相同,音频的编辑包括声音的剪切、粘贴、移动和删除等操作,这些操作与视频的操作方法是一样的。例如,选择轨道中的音频片段,拖动它可以改变其在轨道中的位置;选择某段音频后按 Delete 键可以将其删除;使用"复制"和"粘贴"命令可以对选中的音频片段进行复制和粘贴操作;选中音频片段后单击"时间线"工具栏中的"拆分"按钮 可以在播放头处拆分音频片段,如图 5.27 所示。

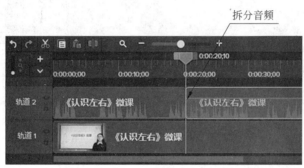

图 5.27　拆分音频

将鼠标指针放置到裁剪后音频片段的开始或结束位置,拖动鼠标可以改变音频片段的播放时长,如图 5.28 所示。

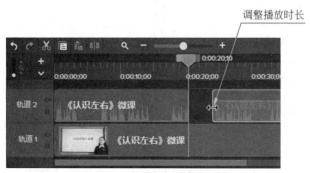

图 5.28　改变音频片段的时长

默认情况下,轨道中的音频波形显示为单向波形,选择"编辑"|"首选项"命令打开"首选项"对话框,勾选"程序"选项卡中的"镜像波形"复选框,如图 5.29 所示,单击"确定"按钮,轨

道上将显示对称的镜像波形,如图 5.30 所示。

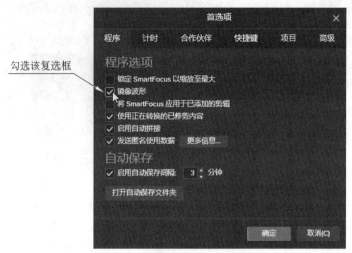

图 5.29　勾选"镜像波形"复选框

图 5.30　镜像波形

专家提醒：对于突发情况产生的杂音,可重新录制出现杂音时的内容,后期将杂音删除即可。在录课时还会有混于正常的声音中且难以避免的噪声,使用常规的删除方法无法去除,此时可以使用 Camtasia 的"去噪"功能将噪声的影响降到最低。"去噪"的方法在 3.3.9 节中有详细介绍。

5.2.2　调节音量

在微课的制作过程中,当出现插入的音/视频或者录制的语音音量忽高忽低时,要注意在录课过程中与话筒保持固定距离并控制讲解音量的高低,也可以在 Camtasia 中对音量进行调整。

1. 调节整个视频片段的音量

（1）将包含声音的微课视频导入媒体库中并添加到轨道上,在轨道中的视频片段上右击鼠标,在快捷菜单中选择"编辑音频"命令或者单击属性面板中的"音频属性"标签进入声音调节状态,在轨道上会出现一条绿色的音频线,音频线下半部分区域为半透明的绿色,音频线左侧会出现一个音频点,如图 5.31 所示。

（2）移动鼠标指针到绿色的音频线上,当鼠标指针变成箭头形状后按住鼠标左键上下拖动调节音量,在音频点旁会出现音量变化百分比,还可以拖动音频点调节音量,音频点旁

第 5 章 微课的编辑

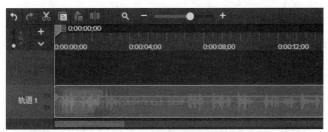

图 5.31 音频编辑状态

同样会出现音量变化百分比,如图 5.32 所示。

 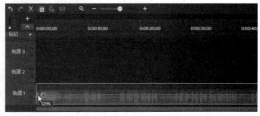

图 5.32 调节音量

如果拖曳音频线调节音量后还没有达到要求,可通过调整音频属性中的"增益"百分比进一步调节音量的大小,如图 5.33 所示。

2. 分段调节音量

在上述操作中,由于整个视频片段只有一个音频点,所以只能调节整个视频片段的音量,如果要调节视频中某个区域的音量,可以使用下面的方法。

(1) 选择整个视频片段,进入音频编辑状态。添加音频点的方法有两个:一个是在需要添加音频点的时间节点上右击鼠标,在快捷菜单中选择"添加音频点"命令,如图 5.34 所示;另一个是直接在绿色的音频线上双击鼠标。

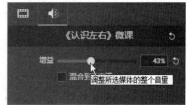

图 5.33 调整"增益"百分比

(2) 使用上述方法在需要调节音量的视频片段的开始和结束位置各添加一个音频点。在起始和终止音频点的中间位置再添加两个音频点,如图 5.35 所示。

(3) 使用鼠标上下拖动中间的音频点可以只调节两个音频点之间的音量大小,如图 5.36 所示。

专家点拨:如果需要调节的音量的范围较大,可以多添加几个音频点以确保调节精度。使用鼠标左右拖动音频点可以改变音频点的位置,在选中音频点后右击鼠标,在快捷菜单中选择"删除"命令可删除该音频点,选择"移除所有音频点"命令可删除该视频片段上的所有音频点。

5.2.3 设置淡入淡出和静音效果

淡入淡出和静音是在编辑音频时常见的两种声音效果,下面介绍在 Camtasia 中实现这两种效果的操作方法。

1. 淡入淡出效果

在 3.3.9 节中已经对淡入淡出有了简单的介绍,下面介绍为声音添加淡入和淡出效果

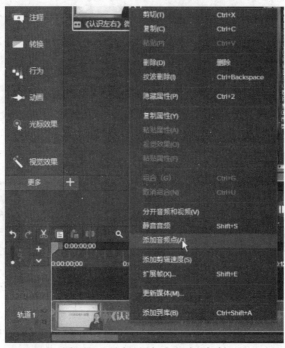

图 5.34 选择"添加音频点"命令

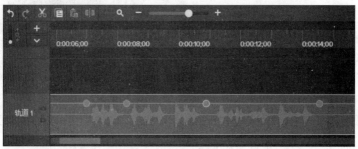

图 5.35 添加音频点

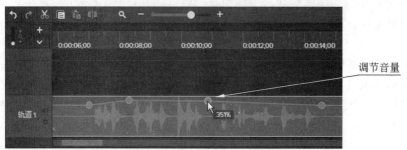

图 5.36 调节区域内的音量

的具体操作方法。

(1) 在工具箱中单击"音频"标签,将"淡入"和"淡出"效果拖动到音频片段上,在开端和尾端就会加入对应的特效,如图 5.37 所示。

(2) 播放视频,如果用户对试听效果不满意,可以修改。拖动音频点调整音频线的形

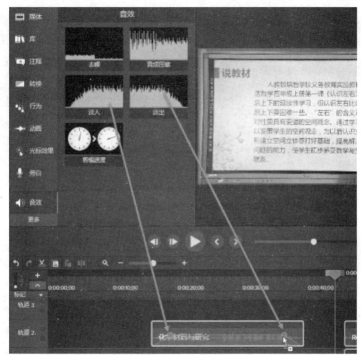

图 5.37 为声音添加"淡入"和"淡出"效果

状,对淡入淡出效果进行编辑,如图 5.38 所示。

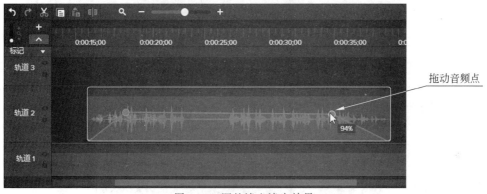

图 5.38 调整淡入淡出效果

从上面的描述可以看出,声音在开始时音量由小逐渐变大直至正常,这就形成了淡入效果,在结束时音量由大逐渐变小直到消失就形成了淡出效果。

在图 5.39 所示的音频中添加 4 个音频点,调整音频点的位置,也可以获得淡入淡出效果,如图 5.40 所示。

2. 静音效果

静音是指在视频或音频的某个时间段内没有声音。对于微课视频中只有过程展示而无声音的片段,静音是最快捷的一种去除杂音的方法。另外,在编辑微课视频的过程中经常需要对语音解说进行修改,如果使用新的声音替代原有的声音,必须先去除原声,去除原声的一个简单的方法就是静音。

图 5.39　添加 4 个音频点

图 5.40　调整音频点获得淡入淡出效果

在 Camtasia 中静音效果可以使用下面的方法获得。

（1）选中轨道上带有声音的视频进入音频编辑状态，在需要静音的区域添加 4 个音频点。第一和第四个音频点放置在静音区域的开始和结束位置，另外两个音频点放置在需要静音的区域中，如图 5.41 所示。

图 5.41　添加音频点

（2）分别拖动位于静音区域内部的两个音频点，使这两个音频点分别位于第一和第四个音频点的正下方，这样在第一和第四个音频点之间就会出现一块没有音频波形的区域，即没有声音输出，从而获得静音效果，如图 5.42 所示。

创建静音区域还有一个更简单的方法。首先在轨道中选择静音区域，如图 5.43 所示，然后在静音区域上右击鼠标，在快捷菜单中选择"静音音频"命令即可获得静音效果，如图 5.44 所示。

图 5.42 移动音频点获得静音效果

图 5.43 选择静音区域

图 5.44 获得静音效果

5.2.4 添加背景音乐

在微课中声音的运用主要分为两类：一是解说词，二是背景音乐。解说词不只是讲解教学内容、营造学习情境，也是教师展现语言魅力、彰显教育情怀的重要体现，而巧妙地运用背景音乐会起到锦上添花的作用。

在 Camtasia 中添加背景音乐的方法如下。

(1) 将微课视频和作为背景音乐的音频文件导入媒体箱，并将微课视频添加到轨道1中。

(2) 拖动媒体箱中的背景音乐到轨道1上方，背景音乐随之被添加到自动生成的轨道2上，如图 5.45 所示。

(3) 调整背景音乐的音量到最佳效果，如图 5.46 所示。

(4) 由于微课视频较长，需要再复制一份背景音乐。在轨道中的背景音乐上右击鼠标，在快捷菜单中选择"复制"命令。在背景音乐的末尾，轨道2的上方右击鼠标，在快捷菜单中选择"粘贴"命令，复制的背景音乐被添加到自动生成的轨道3上，如图 5.47 所示。

图 5.45　添加背景音乐

图 5.46　调整背景音乐的音量

图 5.47　复制背景音乐

（5）在两段背景音乐的连接处会出现音乐不连贯的情况，调整的方法是将轨道 3 中的背景音乐向前移动一小段距离，并为其添加淡入效果，为轨道 2 中的背景音乐添加淡出效果,最后调整淡入和淡出效果音频点的位置,如图 5.48 所示。

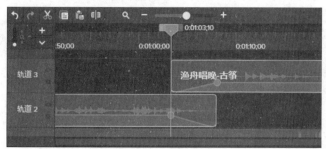

图 5.48　为两段背景音乐分别添加淡入和淡出效果

（6）将播放头定位到微课视频的末尾,选中轨道 3 中的背景音乐,单击"时间线"工具栏上的"拆分"按钮,将拆分下来的多余部分背景音乐删除。

（7）为轨道 3 中的背景音乐添加淡出效果,放大时间线,将鼠标指针放置到音频音量向下波道上,当鼠标指针变成双向箭头形状时双击鼠标添加音频点,然后使用同样的方法再添加一个音频点,并拖动两个音频点的位置直到形成一定的弧度,这样调整后渐变的声音更自然,如图 5.49 所示。

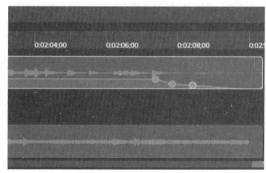

图 5.49　为轨道 3 中的背景音乐添加淡出效果并进行设置

5.3　导入和编辑图像

在微课视频中插入图像可以作为对内容的补充,Camtasia 除了可以对图像进行剪裁、缩放、旋转以及添加特效、配合聚焦和移动等操作,还可以做出许多动画效果。

5.3.1　导入图像

在 Camtasia 中导入图像与导入视频的方法很相似,可以一次导入一张或多张图像,还可以同时导入图像、音频和视频等媒体文件。

下面介绍在录制好的微课视频中如何使用 Camtasia 导入图像,并将视频中的画面替换成图像的方法。

（1）将媒体箱中的微课视频拖动到时间线轨道上。

（2）参照导入视频的方法将图像导入媒体箱中。

（3）定位好播放头的位置,在媒体箱中的图像上右击鼠标,在快捷菜单中选择"添加到位于播放头的时间轴"命令,图像插入 Camtasia 自动生成的新轨道上,如图 5.50 所示。

图 5.50　添加图像到轨道

（4）播放微课,确定图像的结束位置,移动鼠标至图像的右侧,当鼠标指针变成双向箭头形状时按住鼠标左键拖动鼠标至结束位置后松开,如图 5.51 所示,完成图像显示时长的调整。

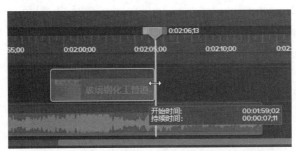

图 5.51　调整图像的显示时长

5.3.2　编辑图像

编辑图像是修改图像的过程。通过改变图像的亮度、对比度、色调、饱和度、清晰度等参数来增强视觉效果。此外,编辑图像也可以删除图像中不必要的元素、调整图像的尺寸和比例等。Camtasia 对图像的编辑比较简单,如果要对图像做更精细的处理,建议使用 Photoshop 软件。

接 5.3.1 节中的操作,下面介绍图像的编辑。

（1）选中画布中的图像,单击画布工具栏中的"裁剪"工具 ,此时图像被带有控制柄的线框包围,拖动控制柄在水平和垂直方向上裁剪,如图 5.52 所示。

（2）单击画布工具栏中的"编辑"工具 ,调整图像的大小和显示位置,如图 5.53 所示。

（3）如果有需要,还可以在属性面板中对图像的不透明度、旋转等进行调整。

（4）编辑好图像后预览效果,保存文件。

5.3.3　抠像

在微课制作中绿幕拍摄的使用越来越频繁。绿色较为明亮,在计算机系统中更容易与

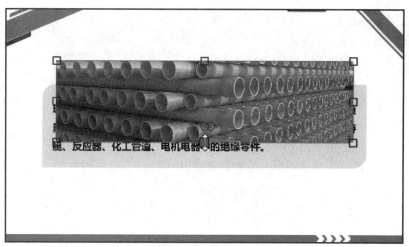

图 5.52　裁剪图像

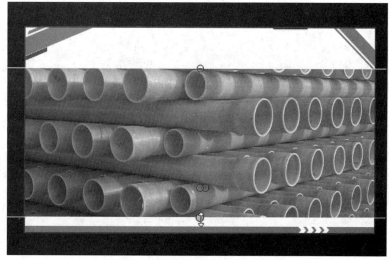

图 5.53　调整图像的大小和显示位置

前景分离,不易产生黑边。蓝色是人类皮肤颜色的补色,用蓝幕作背景也很容易实现抠像。在拍摄时如果前景对象有大量绿色,为了便于后期抠像处理,采用蓝幕拍摄;如果前景中有大量蓝色,采用绿幕拍摄。

1. 静态抠像

下面以一张绿幕为背景的人物图像为例对静态抠图方法进行介绍。

(1) 将以绿幕为背景的人物图像和一张背景图像导入媒体箱中并添加到轨道上,如图 5.54 所示。

(2) 为了方便抠像和后期应用,将轨道 1 禁用,使用画布工具栏中的"裁剪"工具 裁剪图像,如图 5.55 所示。

(3) 单击工具箱中的"视觉效果"标签,将"移除颜色"特效拖动到轨道中的图像上。单击"移除颜色"属性面板中"颜色"选项后面的小三角 ,使用"吸管"工具 在绿幕上单击,如图 5.56 所示。

图 5.54 导入图像并添加到轨道上

图 5.55 裁剪后的图像

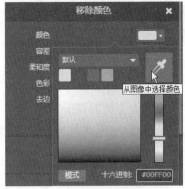

图 5.56 "移除颜色"属性面板

（4）绿幕被移除，在人物图像轮廓的边缘还有抠像的毛边，其他位置也不同程度地存在绿色痕迹，如图 5.57 所示。

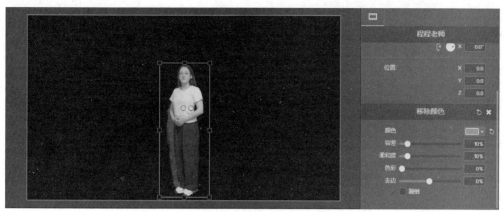

图 5.57　绿幕移除后的图像效果

（5）调整"移除颜色"属性面板中的参数。
- 容差：在选取颜色时所设置的选取范围，容差越大，对相同颜色选取的范围也越大。图 5.57 中的选取范围过小，需要调大"容差"至"15％"。
- 柔和度：图像边缘过渡的柔和程度，柔和度越大，选取的边缘越不清晰。图 5.57 中的选取边缘不清晰，需要调小"柔和度"至"13％"。
- 色彩：色相的变化，调整到"20％"左右会形成与原色高对比的色相，例如红与绿、蓝与黄等高对比颜色。
- 去边：可以去除原视频边缘的颜色，与饱和度调整类似，当数值为负时黑白对比度较高，数值为正时黑白对比度较低。

调整"容差"值，一边拖动滑块一边观察效果，如果调整"容差"后仍对效果不满意，再对"柔和度""色彩""去边"进行调整，调整后的图像效果如图 5.58 所示。

图 5.58　调整后的图像效果

（6）启用轨道 1，将人物图像适当放大，并放置到合适的位置，最终效果如图 5.59 所示。

2. 动态抠像

通过动态视频抠像得到需要的视频素材，将这些素材融合到视频创作中，获得理想的效果。

Camtasia 动态抠像的操作方法与静态抠像相同。以纯色为背景拍摄的视频使用动态

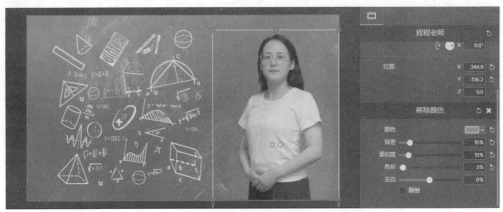

图 5.59　最终效果

抠像处理很容易，如果背景较复杂，Camtasia 的抠像效果不够完美。下面以"一群飞翔的白鸽"为动态抠像对象介绍动态视频抠像的方法。

（1）将"一群飞翔的白鸽.mp4"视频导入媒体箱中并添加到轨道上，如图 5.60 所示。

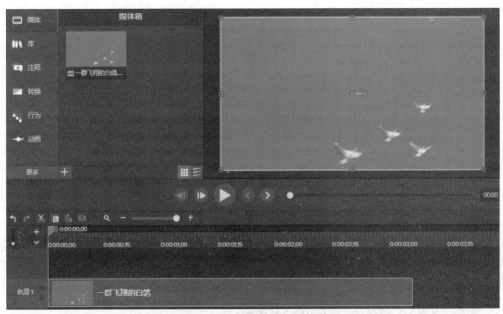

图 5.60　导入视频并添加到轨道上

（2）将"视觉效果"选项卡中的"移除颜色"特效拖动到轨道中的视频上，单击"移除颜色"属性面板中"颜色"选项后面的小三角，使用"吸管"工具在背景上单击，背景颜色被移除，抠像后留下的素材的边缘处有背景颜色残留，如图 5.61 所示。

（3）调整"移除颜色"属性面板中的参数，效果也不理想。可以考虑为视频添加"着色"效果，然后单击"着色"属性面板中"颜色"选项后面的小三角，选择白色，背景颜色残留被白色覆盖，效果如图 5.62 所示。

（4）为了体现效果，将"华表.mp4"视频导入媒体箱中并拖动到抠像视频所在轨道的下面。调整两段视频画面的位置和大小，让叠加效果协调、美观，效果如图 5.63 所示。

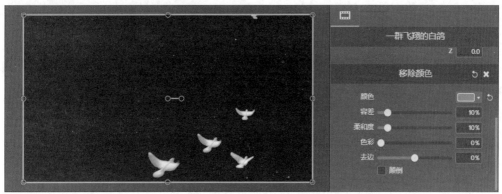

图 5.61 背景颜色移除后的画面效果

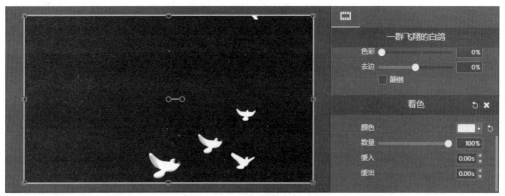

图 5.62 添加"着色"效果

图 5.63 抠像应用效果

5.4 编辑文字

在微课中文字是教师语言的有力补充,许多教学内容也需要通过文字的形式反映出来,在微课视频中添加字幕,让学生的视觉、听觉同时发挥作用,能够强化学习效果。除观看微课画面、倾听授课内容外,观看微课文字还能拓宽信息的感知渠道,通过字幕文字和音频结合观看,学生更清楚授课内容,加深记忆效果。

5.4.1 添加文字

文字是信息的重要载体,是微课视频中展示主题、提示知识要点和注释说明的重要方式。Camtasia 通过文字标注向视频中添加文字,添加的文字有两种形式:一种是不带图形的文字,另一种是置于图形中的文字。下面使用这两种形式分别制作一个文字视频片头,通过实际操作帮助读者熟悉这两种文字的添加方法。

1. 不带图形的文字

Camtasia 对添加的文字的字体、大小和填充颜色等进行设置,从而改变文字的外观样式。下面介绍具体的设置方法。

(1) 启动 Camtasia 软件并新建项目,将微课视频导入媒体箱中并添加到轨道上,在时间线轨道上将微课视频向后移动 5 秒,为片头留出时间。

(2) 单击"注释"标签,在打开的"标注" 选项卡的"样式"列表中选择"全部"。选择列表中任一无外框的选项,如图 5.64 所示。

(3) 拖动不带图形的文字标注样式到轨道 1 的上方,不带图形的文字标注将添加到 Camtasia 自动生成的新轨道上。此时在画布上出现一个文本框,在该文本框中的字母 ABC 上双击,然后输入或粘贴文字,如图 5.65 所示。

(4) 选中文本框中的文字,设置文字的字体、大小、颜色以及间距,单击"左对齐"和"顶端对齐"按钮调整放置位置,如图 5.66 所示。

(5) 将插入点光标定位在最后一个字的后面,按 Enter 键 5 次在文字后添加 5 个空行,再按 8 次空格键后输入标题文字,并选中标题文字设置字体和大小。最后调整文本框的大小,使文字能够完全显示,如图 5.67 所示。

(6) 为文字添加阴影效果,方法是将"视觉效果"标签下的"阴影"特效拖动到轨道中的文字上,并在"阴影"属性面板中设置阴影的颜色、偏移和不透明度等,如图 5.68 所示。

(7) 为文字添加淡入淡出效果,方法是将"行为"标签下的"淡入淡出"特效拖动到轨道中的文字上,然后对"进"选项和"出"选项中的"速度"进行调整,在轨道上拖动文字的右边界调整文字的显示时长,如图 5.69 所示。

专家点拨:与声音的淡入淡出效果类似,淡入效果使对象由完全不显示逐渐过渡到完全显示,淡出效果使对象由显示逐渐过渡到不显示。如果要取消淡入淡出效果,单击属性面板中淡入淡出后面的 ✕ 按钮即可。

2. 置于图形中的文字

如果视频背景较复杂,使用不带图形的文字可能影响文字的显示效果。将文字放在一个背景框中,使其能够从视频背景中凸显出来。同时,为文字添加合适的背景框也是美化文

第 5 章 微课的编辑 **159**

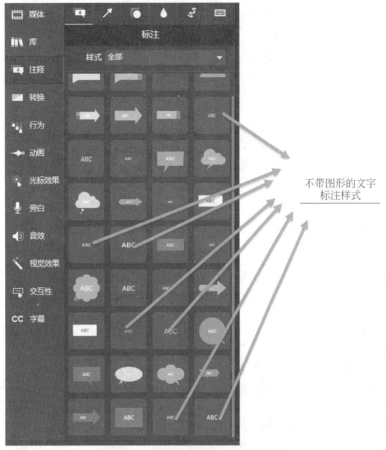

图 5.64 不带图形的文字标注样式

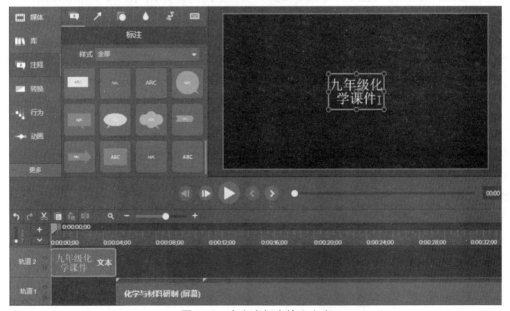

图 5.65 在文本框中输入文字

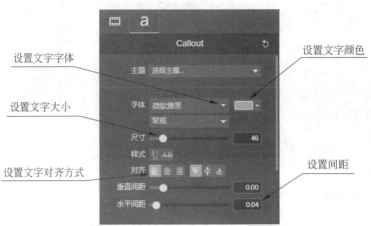

图 5.66 设置不带图形的文字标注的属性

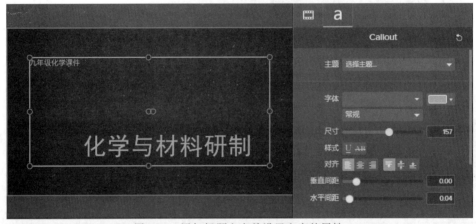

图 5.67 添加标题文字并设置文字的属性

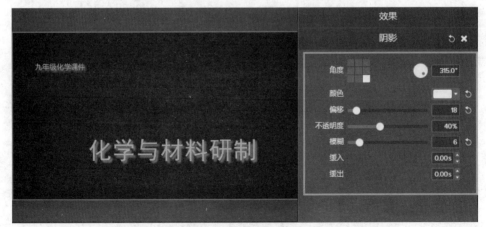

图 5.68 添加阴影效果

字获得良好视觉效果的一种手段。另外,在为某些区域添加注释文字时,也需要指明文字注释的对象,此时可以将文字放置到某些带有指向箭头的背景框中,让观众一目了然。

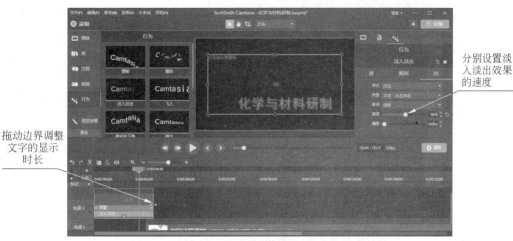

图 5.69　添加淡入淡出效果并设置文字的显示时长

使用 Camtasia 能够向视频中添加某些特定的带文字的图形，在添加图形后，输入的文字将作为图形的一部分存在于图形中。接下来使用带文字的图形来制作片头标题。

(1) 在"注释"标签下的"标注" 选项卡中的"样式"列表中选择"全部"，拖动蓝色矩形标注到轨道 1 的上方，带文字的图形标注被添加到轨道 2 中，如图 5.70 所示。

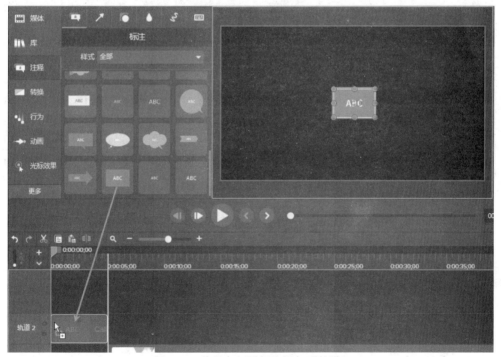

图 5.70　将蓝色矩形标注添加到轨道 2

(2) 在画布上拖动矩形边框上的控制柄调整矩形的大小，拖动矩形调整其位置。单击属性面板中的"注释属性"按钮 ，在"注释"属性面板中单击颜色后面的下拉小三角 设置矩形的填充颜色，如图 5.71 所示。

(3) 单击工具箱中的"视觉效果"标签，拖动"阴影"特效到轨道中的矩形标注上，为图形

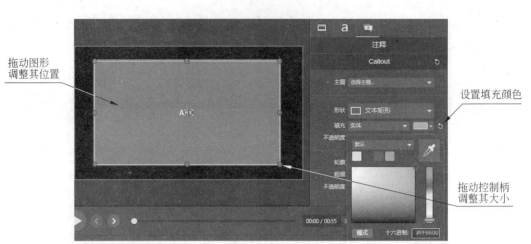

图 5.71 设置图形的大小、位置和填充颜色

添加阴影效果,并设置阴影的颜色、偏移、不透明度和模糊等,如图 5.72 所示。

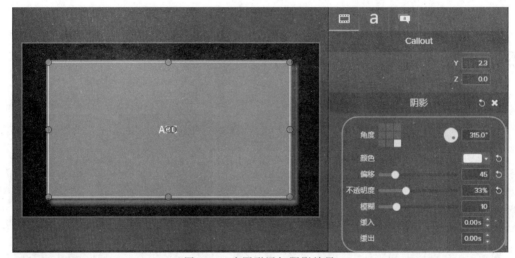

图 5.72 为图形添加阴影效果

(4) 按照前面介绍的方法在文本框中输入文字,设置文字的外观样式,在轨道上调整标注的延续时间得到需要的文字,如图 5.73 所示。

专家点拨:带文字的图形标注相当于将文字放置在一个图形文本框中,文字与图形是一个整体,无法使用鼠标拖动的方式来调整文字在图形中的位置。如果要调整文字的位置,除了可以通过设置文字的对齐方式来实现之外,还可以在段落文字中添加空行或空格来调整文字在图形中的相对位置。

5.4.2 编辑字幕

在微课中添加字幕可以将讲解的内容以文字方式呈现,学生更容易理解。Camtasia 为微课添加文字既可以使用标注,也可以使用字幕功能,轻松实现讲解声音与文字同步出现。

1. 在视频中添加字幕

字幕指的是以文字形式显示于视频中的非影像内容,从广义上说,在对视频进行后期编

图 5.73 在图形中添加文字

辑处理时添加的文字都可以称为字幕。Camtasia 的字幕指的是在视频画面下方添加的与画面内容同步的文字。

一般来说,在微课中使用字幕,主要用于以文字的形式显示语音的内容,从而让学生更好地理解语言或画面所传递的信息。例如,在语文和英语科目的微课视频中,在进行原文朗读赏析时,不仅需要有符合文章主题的画面,还需要配上同步的文字。

在 Camtasia 中添加文字字幕一般有两种方法,下面对这两种方法进行介绍。

1) 直接使用标注文字

在制作字幕时,首先播放视频,聆听内容,在需要添加字幕的起始位置停止播放,添加文字标注到播放头所在的位置,对输入标注文字的外观进行设置后继续播放视频,在语音终止处再次停止播放,拖动标注文字片段的右边界,将文字延伸到播放头所在的位置,这样就完成了一段字幕文字的添加。使用相同的方法依次添加其他的字幕文字,直到全部添加完成,如图 5.74 所示。

2) 使用字幕功能添加字幕

另一种添加字幕的方式是使用 Camtasia 提供的字幕功能,下面对这种添加字幕的方式进行介绍。

(1) 单击工具箱中的"字幕"标签,打开"字幕"编辑框,如图 5.75 所示。

(2) 将播放头放置到需要添加字幕的位置,单击"添加字幕"按钮 ,Camtasia 将在新的轨道中添加一个字幕片段。在画布下方的字幕文字输入窗口中输入文字,如图 5.76 所示。

(3) 在轨道上拖动字幕片段的右边界调整其长度,使字幕显示的时长与对应的语音时长一致,如图 5.77 所示。如果需要添加多个字幕,将播放头放置到新字幕需要添加的位置,如图 5.78 所示,重复上述方法完成后续字幕的添加。

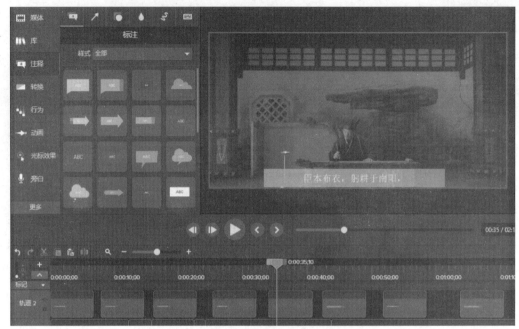

图 5.74 使用标注添加字幕文字

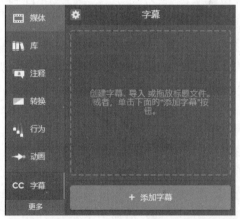

图 5.75 "字幕"编辑框

3）对字幕进行设置

在使用 Camtasia 提供的字幕功能完成字幕的添加后，可以根据需要对字幕的外观进行设置，如设置字幕文字的字体、大小、颜色和背景颜色等。下面介绍具体的设置方法。

（1）Camtasia 按照 ADA 标准提供了标准字幕，用户也可以根据需要在"字幕"属性面板 中对每段字幕中的每个字设置加粗、倾斜，"全局属性"栏用于对所有字幕文字的字体、大小、颜色等进行设置，如图 5.79 所示。更改后会出现红色警示，用户只需要单击图 5.80 中的"符合标准"按钮，即可将其还原为符合 ADA 标准的字幕。

（2）单击"填充"选项后面的小三角，选择相应的颜色或在"十六进制"后面直接输入颜色代码都可以更改字幕的背景颜色，如图 5.81 所示。

（3）拖动"不透明度"滑块 或直接在其后的微调框中输入数值设置字幕文字背景的不

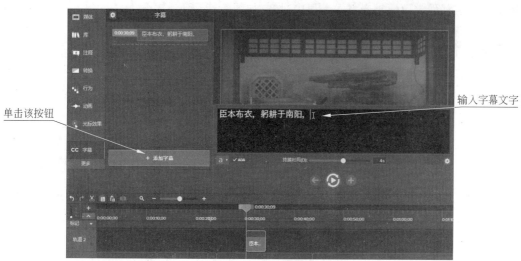

图 5.76　添加字幕

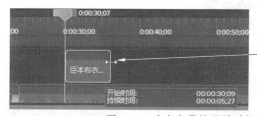

图 5.77　改变字幕的显示时长

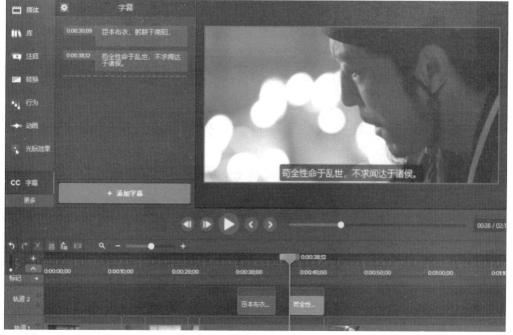

图 5.78　添加新字幕

透明度。字幕最常用的对齐方式是居中对齐,如图 5.82 所示。

图 5.79　字幕属性设置

图 5.80　还原 ADA 标准字幕

图 5.81　更改字幕的背景颜色

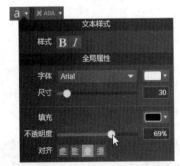

图 5.82　设置字幕的不透明度和对齐方式

专家点拨：在轨道中的字幕片段上右击鼠标,在快捷菜单中选择"删除"命令或按 Delete 键可以删除该字幕片段。

2. 字幕与视频同步

如果想提高字幕的制作效率,可以使用同步字幕功能,下面介绍同步字幕功能的使用方法。

（1）复制 DOC 文档或 TXT 文本文件中的文字,单击"添加字幕"按钮,在字幕文字输入窗口中粘贴文本,则轨道上就添加了字幕,如图 5.83 所示。

（2）单击"字幕"编辑框左上角的"脚本选项"按钮,选择"同步字幕"命令,将弹出"如何同步字幕"对话框对操作要点进行提示,如图 5.84 所示。

（3）单击"继续"按钮,视频自动播放。将鼠标指针放置到字幕的第一个字上,当播放到该段字幕需要开始的位置时单击这个字,如图 5.85 所示,轨道上的字幕片段将自动移动到当前播放头所在的位置,如图 5.86 所示。

（4）视频继续播放,当播放到这一段的末尾时单击第二段的第一个字符,字幕在这里被断开,这样就得到了第一段与视频同步的字幕,如图 5.87 所示。

（5）使用相同的方法,当视频播放到需要第三段字幕出现时单击第三段字幕的第一个

图 5.83　将文本复制到字幕文字输入窗口

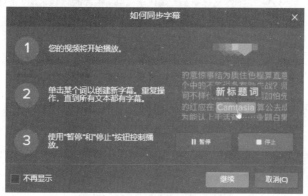

图 5.84　"如何同步字幕"对话框

字符，得到第二段与视频同步的字幕，在该段字幕需要结束时单击下一段字幕的第一个文字结束当前这段字幕。以此类推，逐段切割字幕文字，直到所有字幕添加完成。在同步字幕的过程中，在"字幕"编辑框下方会出现一个控制视频播放的面板，单击该面板中的"停止"按钮，停止视频播放完成字幕的添加，如图 5.88 所示。

（6）每组波形对应一段字幕，根据波形对齐字幕与音频，使用鼠标拖动轨道中的字幕可整体移动字幕，移动鼠标指针到字幕的边界线上，当鼠标指针变成双向箭头时拖动鼠标调整字幕的起始时间，如图 5.89 所示。

（7）添加到轨道上的字幕文字片段可以像视频片段一样进行编辑，有的字幕句子比较短，制作完成的字幕在声音消失后继续显示。首先选中这样的字幕，选中的方法有两种：一种是移动播放头到该段字幕上，这段字幕即被选中；另一种是在"字幕"编辑框中单击该段字幕将其选中，如图 5.90 所示。

图 5.85　当播放到字幕需要开始的位置时单击字幕的第一个字

图 5.86　字幕片段自动移动到开始位置

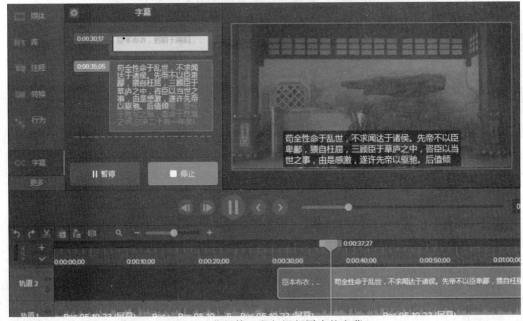

图 5.87　获得第一段与视频同步的字幕

第 5 章　微课的编辑　**169**

图 5.88　控制视频播放的面板

图 5.89　调整字幕的起始时间

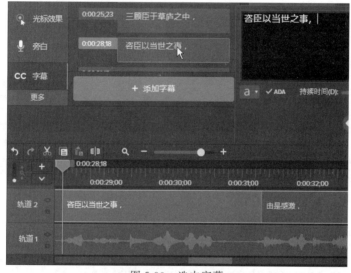

图 5.90　选中字幕

（8）在选中的字幕上右击鼠标，在快捷菜单中选择"拆分字幕"命令，字幕被拆分成两部分，调整好字幕间的边界线，选中后一段字幕，在字幕文字输入窗口中将字幕删除，轨道上出现空白字幕，如图 5.91 所示。

（9）在播放字幕的过程中有时会出现图 5.92 所示字幕位置靠上的情况，调整的方法是选中该段字幕，然后单击轨道上的字幕，在字幕文字输入窗口中字幕文字的后面按空格键，这样字幕就正常显示了。

3. 字幕文件的生成和使用方法

使用 Camtasia 制作完成的字幕可以导出为字幕文件，以文件形式保存字幕，在使用上具有更大的灵活性。下面介绍字幕文件的生成和使用方法。

1）导出字幕文件

单击"字幕"编辑框左上角的"脚本选项"按钮，选择"导出字幕"命令，如图 5.93 所示。打开"将字幕导出到文件"对话框，使用该对话框设置保存字幕文件的文件夹、文件名和文件

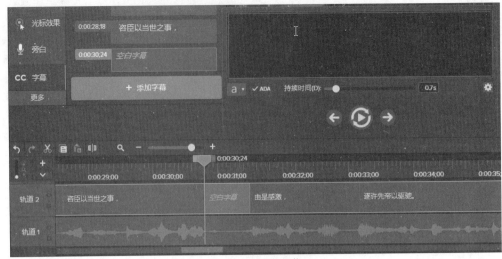

图 5.91 删除字幕

图 5.92 字幕位置靠上

图 5.93 选择"导出字幕"命令

类型,如图 5.94 所示。扩展名为.srt 的字幕文件实际上是一个文本文件,其包含了字幕的有关信息,如图 5.95 所示。

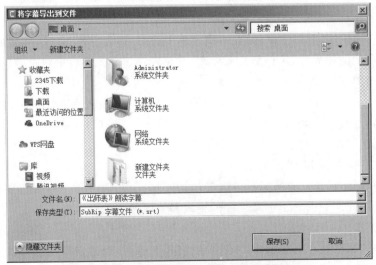

图 5.94 "将字幕导出到文件"对话框

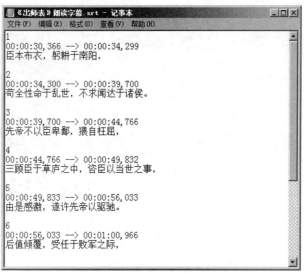

图 5.95 字幕文件的内容

2）字幕文件的使用方法

导出的字幕文件有两种使用方法：一种是直接将其导入项目中，另一种是加载到媒体播放器中。

（1）导入项目中：导出的字幕文件可以直接导入其他项目中，如图 5.96 所示。在导入字幕文件后，字幕自动添加到项目中，如图 5.97 所示。

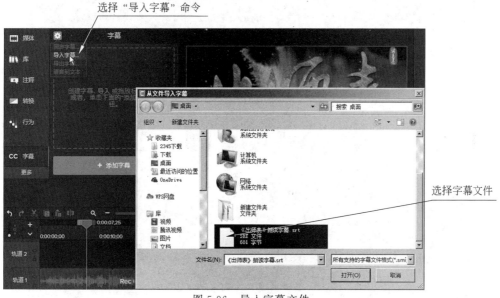

图 5.96 导入字幕文件

（2）加载到媒体播放器中：在将字幕导出为字幕文件后，将字幕片段从轨道上删除，项目输出为视频文件。使用媒体播放器软件打开视频文件，这里使用 QQ 影音打开视频，在视频画面上右击鼠标，在快捷菜单中选择"字幕"|"载入字幕"命令，如图 5.98 所示。在"打开"对话框中选择字幕文件，如图 5.99 所示。单击"打开"按钮载入字幕，在视频播放时有字幕

显示,如图 5.100 所示。

图 5.97　自动添加字幕

图 5.98　选择"字幕"|"载入字幕"命令

第 5 章　微课的编辑　173

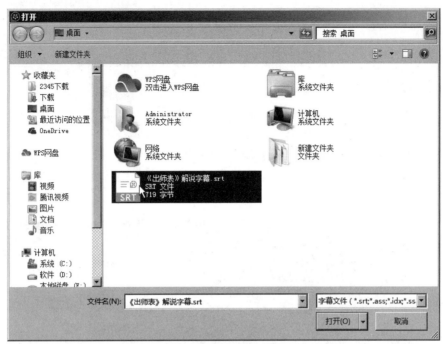

图 5.99　选择字幕文件

图 5.100　播放时显示字幕

5.5　编辑注释图形

Camtasia 注释功能使用不同形状、样式及颜色的图形为微课视频添加标注，弥补了画面内容信息的不足，让微课内容更丰富。

5.5.1 添加特殊形式的注释

除了可以向视频中添加文字标注外,还可以添加一些具有特殊效果的注释。下面分别介绍这些注释的应用方法。

1. 强调按键

在制作与计算机操作有关的微课视频时,为了让操作过程直观呈现,通常在画面中显示当前操作的快捷键。Camtasia 能够在画面中添加快捷键注释。下面以创建一个传统样式的 Ctrl+P 键的击键标注为例介绍创建击键标注的方法。

(1) 定位好播放头的位置,选择工具箱中"注释"标签下的"击键标注"选项 ▭,在 上双击,击键标注被添加到自动生成的新轨道上播放头所在的位置,如图 5.101 所示。

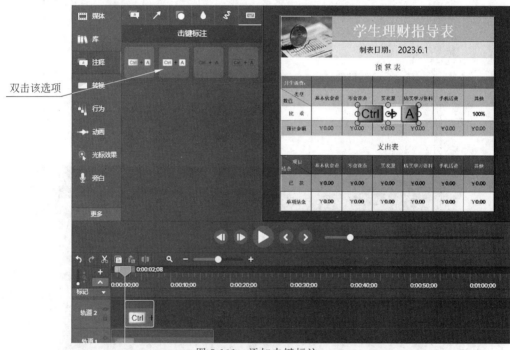

图 5.101　添加击键标注

(2) 在属性面板的"样式"下拉列表中选择"传统"选项,在"键"后面的输入框中单击,同时按下 Ctrl 键和 P 键,画布上将显示按下的键,从而获得需要的击键标注,如图 5.102 所示。

专家点拨:Camtasia 提供了 4 种击键标注供用户选择,它们的用法相同,区别只是显示在屏幕上的注释样式不同。选择轨道上的击键标注,在"击键"属性面板上单击"样式"选项后面的小三角 ▾,选择其中的选项,可更改击键标注的类型,如图 5.103 所示。

2. 只显示重点区域

在微课视频中,有时需要根据教学设计重点注释当前讲解内容,即在屏幕上显示正在讲解的内容区域,区域外模糊显示,让显示区域的内容凸显出来。下面介绍在 Camtasia 中创建这种亮点区域的方法。

(1) 选择工具箱中"注释"标签下的"特殊形式"选项,将"特殊形式"界面上的"聚光灯"注释拖动到微课视频所在轨道的上方,如图 5.104 所示。

第 5 章 微课的编辑 175

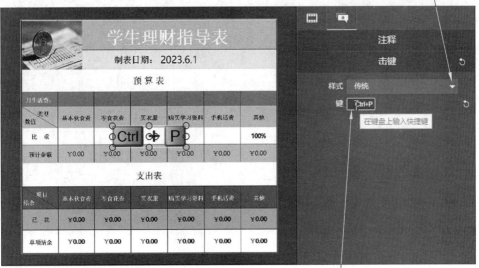

图 5.102 设置按键

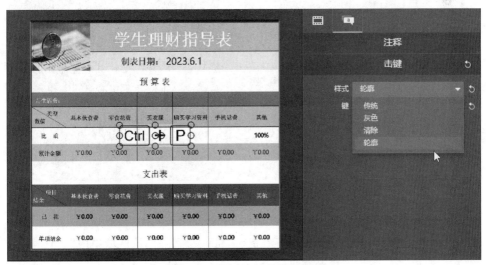

图 5.103 更改击键标注的类型

（2）在画布上调整"聚光灯"注释的大小和位置，使需要显示的内容全部被框住，如图 5.105 所示。

（3）根据需要设置"聚光灯"注释在轨道中的显示时长。拖动"行为"标签下的"淡入淡出"特效到轨道中的"聚光灯"注释上，并在"淡入淡出"属性面板中分别设置"进"和"出"的速度，如图 5.106 所示。

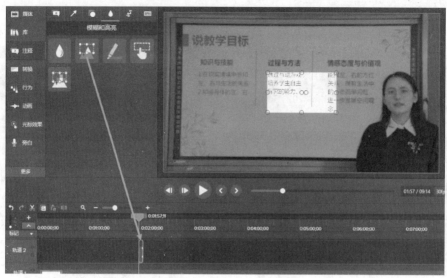

图 5.104 添加"聚光灯"注释

图 5.105 调整显示区域的大小和位置

3. 使用颜色强调重点区域

在微课视频中,使用颜色将某个内容框起来,也能起到强调该区域中内容的作用。为了显示颜色区域的内容,颜色区域必须是一个半透明区域。使用 Camtasia 提供的"突出显示"注释利用半透明图形来强调区域中的内容。下面介绍"突出显示"注释的使用方法。

(1) 在"注释"标签下的"特殊形式"界面中双击"突出显示"注释,"突出显示"注释被添加到轨道中播放头所在的位置,如图 5.107 所示。

(2) 在画布上调整"突出显示"注释的大小和位置,对轨道上注释的延续时间进行调整。单击属性面板中"填充"选项后面的小三角,选择颜色设置注释的填充颜色,或者在"十六进制"后面直接输入颜色代码,如图 5.108 所示。

专家点拨:在 Camtasia 中,除了可以使用半透明颜色对画面进行覆盖外,还可以使用

图 5.106　设置"淡入淡出"特效

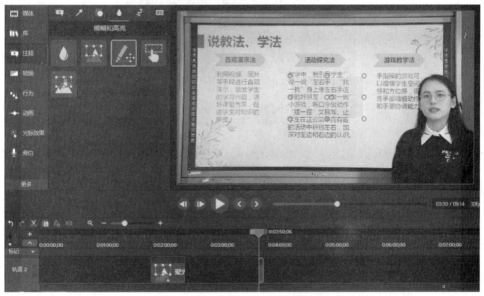

图 5.107　添加"突出显示"注释

"模糊"注释、"像素化"注释对画面进行遮盖,在 3.3.3 节中已经对这两种注释做了介绍,这里不再赘述。

5.5.2　在微课视频中添加图形

微课视频不同于 PPT,不需要用户在视频画面中绘制复杂的图形,图形可以在课件中绘制。Camtasia 也没有绘制复杂图形的工具,它提供的图形只是方便用户添加注释,对视频中的要点进行提示和强调。

图 5.108　设置"突出显示"注释的填充颜色

Camtasia 包括 6 类注释图形供用户使用,分别是"标注""箭头和线""形状""特殊形式""草图运动"和"击键标注",如图 5.109 所示。与其他 5 类图形不同,"草图运动"类的注释图形自带动画,能够获得绘制图形的动画效果,而其他 5 类图形只能为其添加淡入淡出动画效果。

图 5.109　"标注"界面

下面通过实例介绍在视频中添加"草图运动"注释的方法。在本段视频中需要添加箭头注释提示操作注意要点。该注释包括指向箭头和注释文字,箭头以画出的方式出现,在箭头出现后出现注释文字,前一个注释消失后显示第二个注释。

(1) 定位好播放头的位置,在"注释"标签下的"草图运动"界面上双击"箭头"形状,将"箭头"形状动画片段添加到轨道上播放头所在的位置,如图 5.110 所示。

(2) 将工具箱中"行为"标签下的"淡入淡出"特效拖动到轨道中的"箭头"形状上,在属性面板中将"进"选项中的"速度"值调整为 100%,即只有"淡出"没有"淡入",如图 5.111 所示。

(3) 移动播放头使"箭头"形状完全显示出来,在画布上改变"箭头"形状的位置,拖动其边框上的控制柄调整图形的大小,拖动旋转控制柄旋转图形,在"草图运动"属性面板中对线的"粗细"进行调整,将数值调到最小,如图 5.112 所示。

(4) 在"注释"标签下的"标注"界面上双击任一不带图形的文字标注,设置文字标注的

第 5 章 微课的编辑 179

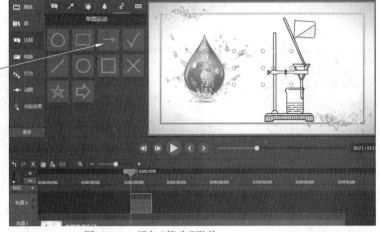

图 5.110 添加"箭头"形状

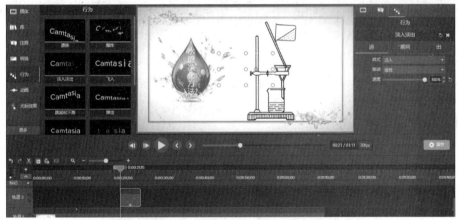

图 5.111 设置"箭头"形状的"淡入淡出"效果

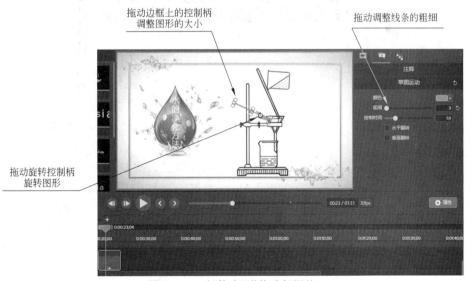

图 5.112 对"箭头"形状进行调整

字体、颜色、尺寸等。将工具箱中"行为"标签下的"淡入淡出"特效拖动到轨道中的文字上，为文字添加淡入淡出效果，如图 5.113 所示。

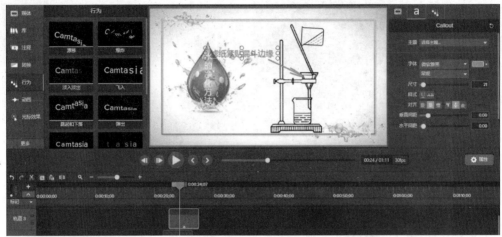

图 5.113　添加文字并为文字添加"淡入淡出"效果

（5）调整文字在轨道中的位置，使文字淡入的动画效果在箭头的动画效果完成后开始。分别调整文字和箭头在轨道上的显示时长，使它们在同一个时间点结束，如图 5.114 所示，文字在箭头完全显示后出现、文字和箭头在显示一段时间后同时消失的效果就设置完成了。

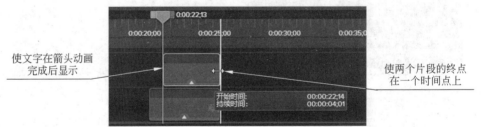

图 5.114　在轨道上对两个对象进行调整

（6）按住 Shift 键分别单击轨道上的文字和图形片段将它们选中并复制，在第二个注释出现的位置将复制的内容粘贴到轨道中。移动播放头使箭头在画布上完全显示出来，然后分别选中文字和箭头，更改文字的内容，调整它们的位置和箭头的方向，如图 5.115 所示。用相同的方法可以继续添加其他注释，在注释添加完成后，单击"播放"按钮预览效果。

Camtasia 只提供了常用的可用作注释的图形，如果需要使用其他图形，可以使用图像编辑软件（如 Photoshop 和 CorelDRAW 等）绘制。在绘制图形时，注意将图形绘制在透明的背景上，如图 5.116 所示。在绘制完成后保存为 PNG 格式的文件，将保存后的图形文件作为素材导入项目或直接放置到库中。Camtasia 支持背景透明的 PNG 格式文件，添加到轨道上的图形背景仍然透明，不会出现遮盖视频画面的白色背景，如图 5.117 所示。

第 5 章 微课的编辑 181

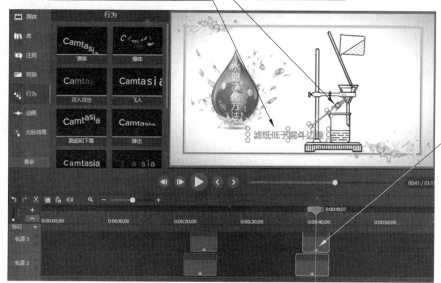

图 5.115 粘贴对象后对内容和位置进行调整

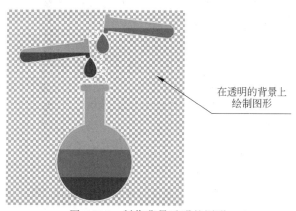

图 5.116 制作背景透明的图形

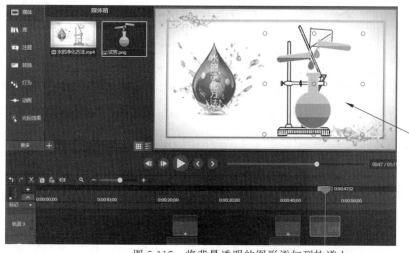

图 5.117 将背景透明的图形添加到轨道上

5.6 本章习题

一、填空题

1. Camtasia 的_____功能是将多个媒体合成一个整体，减少轨道的占用，避免重复操作。
2. 在视频中间位置添加一段空白，最便捷的操作方法是_____。
3. 对于微课视频中只有过程展示而无声音的片段，_____是一种最快捷的去除杂音的方法。

二、选择题

1. 关于扩展帧的相关说法，错误的一项是(　　)。
    A. 扩展帧也叫静帧或冻结帧，让某帧画面多显示一段时间
    B. 扩展帧的默认快捷键是 Shift+E，可以在设置中修改
    C. 扩展帧时间一旦设定，就不能修改
    D. "扩展帧"命令变灰往往是因为后方没有可以扩展的空间
2. Camtasia 在(　　)功能区添加文字提示信息。
    A. 注释　　　　B. 字幕　　　　C. 旁白　　　　D. 行为
3. 关于字幕操作，下列说法中错误的一项是(　　)。
    A. 字幕不能复制、粘贴
    B. 拖动句子分界线调整该句的时长，拖动句子可整体移动字幕
    C. 字幕文本可单独设置加粗、倾斜，但是不能单独设置字体、颜色等
    D. 同步的字幕位置靠上，可在字幕后加一个空格

5.7 上机练习

练习1　录制一段微课视频并在 Camtasia 中对其进行编辑

主要操作步骤提示：
(1) 录制微课并将其置于 Camtasia 的轨道中。
(2) 选择整个视频片段对其进行降噪处理。
(3) 选择整个视频对其音量进行调整。
(4) 选择视频片段中不需要的部分将其删除。

练习2　使用模板为微课视频添加片头

主要操作步骤提示：
(1) 录制微课并将其置于 Camtasia 的轨道中。
(2) 使用拖动的方式将视频片段后移留出放置视频片头的空间。
(3) 打开"库"选项卡，在列表中选择需要使用的动画片头模板并将其放置到轨道中。
(4) 修改片头模板中的文字。
(5) 调整两段视频在轨道上的位置，使它们无缝对接。

第 6 章 微课的美化

PPT能为媒体添加丰富多彩的动画效果，与PPT类似，Camtasia同样可以在视频中添加特殊效果，如两段视频间的转场特效、视频画面的缩放和移动效果、媒体的简单运动效果以及鼠标指针特效等，灵活地运用这些效果能够让微课视频画面间衔接流畅、自然，合理地添加和修饰微课中的元素，可以增加微课的艺术效果。

本章主要内容：
- 转场效果的添加与设置
- 镜头效果的添加与设置
- 动画效果的添加与设置
- 光标效果的添加与设置
- 美化微课元素
- "行为"特效的添加与设置

6.1 添加转场效果

在制作微课时，经常需要从一个视频场景转换到另一个视频场景，这就需要添加转场，在转场时出现的动画效果就是转场效果。本节将介绍在视频中添加转场效果的方法和技巧。

6.1.1 添加转场

转场是指在两个场景之间添加转换效果，如淡入淡出、滑动、百叶窗等，实现场景或情节之间的平滑过渡，丰富画面，达到吸引观众的效果。转场决定了在视频放映过程中两个场景如何过渡衔接，有了转场效果，微课视频结构层次分明，易于学生理解。

在Camtasia中，转场效果可以添加到一个视频片段的开始和结束位置。在添加转场效果后，视频片段的开始或结束位置会出现转场效果标记，如图6.1所示。转场效果也可以添加到两段视频片段的接合处，下面介绍如何在同一轨道的两个视频片段之间添加转场效果。

(1) 打开项目文件，如果轨道上是一个完整的视频片段，使用"拆分"工具在场景转换的位置将视频拆分。单击工具箱中的"转换"标签，如图6.2所示。

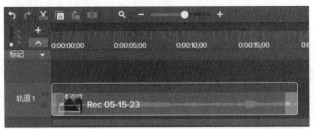

图 6.1　在视频片段的开始和结束位置添加转场效果

图 6.2　单击"转换"标签

（2）在"转换"界面中选择转场效果，将其拖放到轨道上视频片段交接的位置，如图 6.3 所示，完成转场效果的添加。

位于不同轨道上的两个视频片段，同样可以在它们的交接处添加转场效果。在"转换"界面中将转场效果拖放到前一个视频片段的末尾，再将该转场效果拖放到另一个轨道中的视频片段的开始位置，这样就在这两个视频片段间添加了转场过渡效果，如图 6.4 所示。

专家点拨：按住 Shift 键单击轨道上的视频片段，同时选中多个视频片段，然后在"转换"界面中的某个转场效果上右击鼠标，在弹出的快捷菜单中选择"添加到所选媒体"命令，转场效果将会添加到所有被选择的视频片段的开始和结尾处。使用这种方法能够快速为多个视频片段添加转场效果。

6.1.2　设置转场效果

在完成转场效果的添加后可以对转场效果进行设置。将鼠标指针放置到轨道上的转换效果标记上，将显示该效果的相关信息，如转场效果的名称、开始时间和持续时间等，如图 6.5 所示。

第 6 章 微课的美化

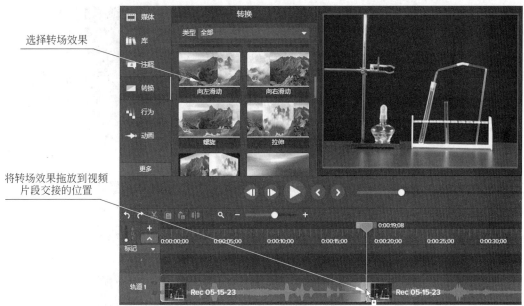

图 6.3 在同一轨道上的两个视频片段间添加转场效果

图 6.4 在不同轨道上的两个视频片段间添加转场效果

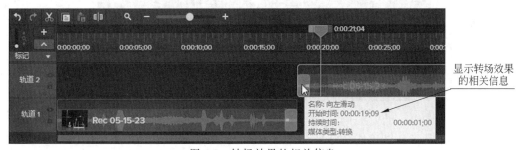

图 6.5 转场效果的相关信息

拖动轨道上转场效果标记的边界,通过改变转场标记的长度设置动画效果的持续时间,如图 6.6 所示。

在默认情况下,转场效果的持续时间为 1 秒。选择菜单栏中的"编辑"|"首选项"命令打开"首选项"对话框,在该对话框的"计时"选项卡中设置"转换"的值即可改变转场效果的默认持续时间,如图 6.7 所示。

删除转场效果有两种方式:一种是选中某个转场标记后按 Delete 键删除,转场标记被

图 6.6 更改转场效果的时长

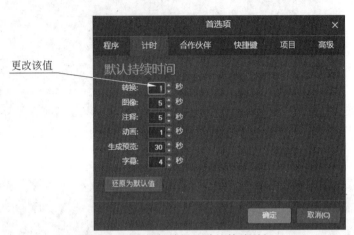

图 6.7 更改转场效果的默认持续时间

删除意味着添加的转场效果也被删除;另一种是在轨道中的转场标记上右击鼠标,在弹出的快捷菜单中选择"删除"命令,同样可以删除转场效果,如图 6.8 所示。

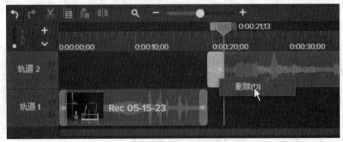

图 6.8 删除转场效果

专家点拨:转场标记被选中时显示为黄色,处于非选中状态下显示为绿色。如果更改转场效果,直接在"转换"界面中将转场效果拖放到轨道中的视频上,或者选中轨道上的转场效果,单击属性面板中"类型"选项后的小三角,在下拉列表中选择需要的转场效果,如图 6.9 所示。此外,将鼠标指针放置到某个转场效果上能预览该转场效果,这样用户可以快速选择需要的效果。

图 6.9　更改转场效果

6.2　添加镜头效果

摇移和变焦是常用的拍摄技法。在拍摄时摇移镜头将获得画面移动效果,而变焦拍摄能够获得视点接近或远离拍摄对象的效果。除了通过拍摄获得这两种效果外,在后期制作时使用视频编辑软件模拟也能实现。在 Camtasia 中,在视频中添加"动画"可以获得这两种效果。

6.2.1　添加聚集放大效果

在微课中对一些知识细化讲解时,需要将画面放大使细化讲解的内容占据屏幕的主体位置,让画面内容更有针对性。使用 Camtasia 的"缩放与平移"功能可以实现这一效果。

在 Camtasia 中,"缩放与平移"是一类特殊的视频动画效果。使用"缩放与平移"效果可以以动画的形式缩放视频画面,同时在屏幕上移动画面,模拟镜头移动和聚焦到某点的动画效果。下面介绍具体的操作方法。

1. 缩放画面

使用 Camtasia 的"缩放与平移"功能能够实现将屏幕中某个区域的画面放大或缩小,下面介绍具体的操作方法。

(1) 将播放头定位到需要放大展示画面的位置,单击工具箱中的"动画"标签,如图 6.10 所示。

(2) 在"缩放与平移"界面中拖动缩放框上的控制柄可以调整缩放框的大小,将鼠标指针置于缩放框内,待鼠标指针变为"十"字后,拖动缩放框到需要放大展示画面的上方,区域中的内容将全部显示在"画布"窗口中,缩放框外部的区域呈灰色、半透明显示,在"画布"窗口中不再显示,如图 6.11 所示。

图 6.10 定位播放头并单击"动画"标签

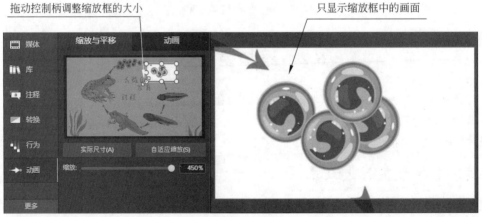

图 6.11 放大局部画面

专家点拨：在"缩放与平移"界面中调整缩放框时，缩放框的大小将按照固定的长宽比变化。拖动下方的"缩放"滑块或在其后的文本框中输入数值可以设置视频画面的放大或缩小比例，如图 6.12 所示。

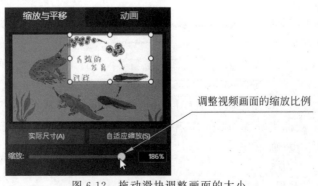

图 6.12 拖动滑块调整画面的大小

(3) 缩放后会在轨道上播放头所在的位置添加"缩放与平移"动画标记,"缩放与平移"动画标记的起点是一个较小的白色标记点,终点是一个较大的白色标记点,中间是绿色箭头,箭头的长度就是媒体运动的时间段,如图 6.13 所示。当视频播放到此处时,选择的区域将逐渐放大并占满整个画面。

图 6.13　创建动画

(4) 移动播放头的位置,在"缩放与平移"界面中将缩放框放大,使其框选更多的画面。在"画布"窗口中可以看到原区域中的画面缩小了,如图 6.14 所示。移动播放头到新的位置,在"缩放与平移"界面中单击"自适应缩放"按钮,视频恢复原样,如图 6.15 所示。

图 6.14　缩小画面

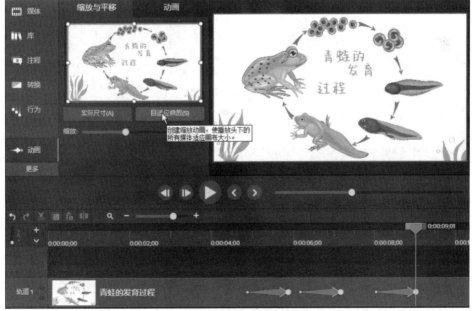

图 6.15　视频恢复原样

专家点拨：在"缩放与平移"界面中单击"实际尺寸"按钮，视频画面的大小将调整为原始画面大小。如果画面已经放大过，那么在缩小为原始画面后，视频画面将以放大过的画面为中心缩小为原始画面，如图 6.16 所示。在"画布"窗口中可以将整个画面移动到屏幕中心区域。

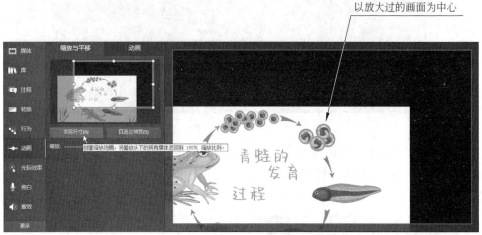

图 6.16 将画面缩小为原始大小

2. 移动画面

在制作微课视频时，有时需要移动屏幕上的画面，即以动画的形式让视频中的某个区域从屏幕的某个位置移动到另一个位置。使用 Camtasia 中的"缩放与平移"功能可以实现画面的直线移动动画效果，在移动的过程中还可以实现画面的缩放。

（1）在视频中添加一个"缩放"效果，如图 6.17 所示。

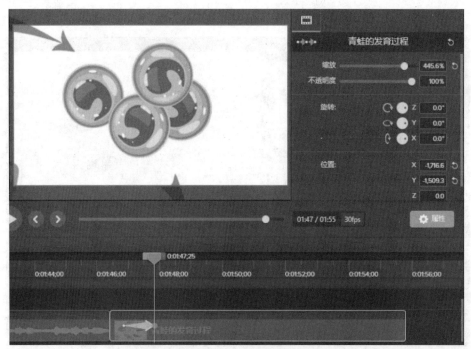

图 6.17 在视频中添加"缩放与平移"效果

（2）将播放头定位到需要添加第二个"缩放与平移"效果的位置，在"缩放与平移"界面中移动缩放框到需要的位置，此时轨道上出现两个"缩放与平移"动画标记，如图6.18所示。

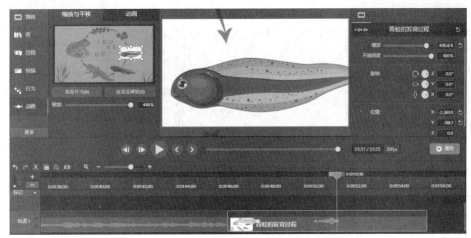

图6.18 移动缩放框

（3）放大缩放框，画面中的主体内容将缩小，如图6.19所示。

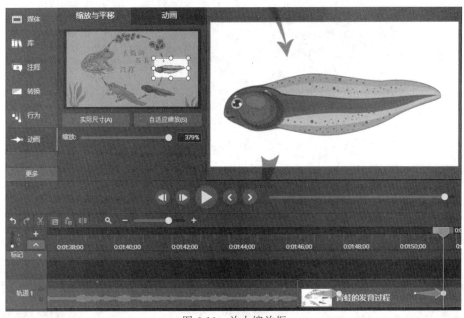

图6.19 放大缩放框

6.2.2 设置"缩放与平移"效果

在视频中添加了"缩放与平移"效果后，轨道上视频片段所处的位置将添加"缩放与平移"动画标记。单击该动画标记，标记的颜色变为黄色，此时可以对缩放效果进行设置。

1. 设置动画的持续时间

在创建"缩放与平移"动画效果时，动画默认的持续时间为1秒，在播放头所在的位置结束。在将鼠标指针放置到动画标记的标记点上时，鼠标指针变为双箭头形状，此时拖动鼠标可以改变动画的播放时长。拉长动画标记，动画的持续时间将增加，反之将缩短。在拖移过程中，Camtasia 显示动画的开始时间和持续时间，以便用户在操作时掌握动画的持续时间，如图 6.20 所示。

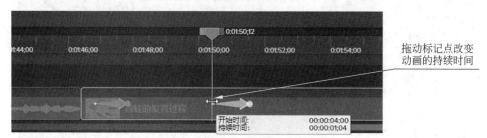

图 6.20　改变动画的播放时长

2. 设置缩放比例和位置

在完成"缩放与平移"效果的添加后，如果用户对效果不满意，需要对缩放大小和画面显示的位置进行调整。下面介绍具体的设置方法。

（1）确定轨道上需要进行调整的"缩放与平移"动画标记，单击终点标记点，如图 6.21 所示。

图 6.21　选中较大的白色标记点

（2）在"缩放与平移"界面的下方拖动"缩放"滑块或直接在右侧的文本框中输入数值对缩放比例进行调整，使用同样的方法，在属性面板中也可以调整画面的缩放，如图 6.22 所示。

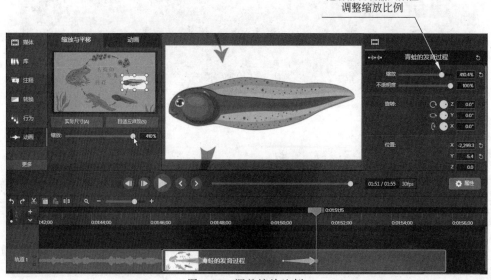

图 6.22　调整缩放比例

(3) 在调整缩放比例后，可能会出现放大后的画面不在屏幕中心的情况，这就需要对画面的显示位置进行调整。调整视频画面在屏幕上的位置有两种方法，一种是在画布上直接拖动画面将其放置到需要的位置，另一种是在属性面板中调整"位置"栏中的"X"值和"Y"值使画面位于屏幕的合适位置，如图 6.23 所示。

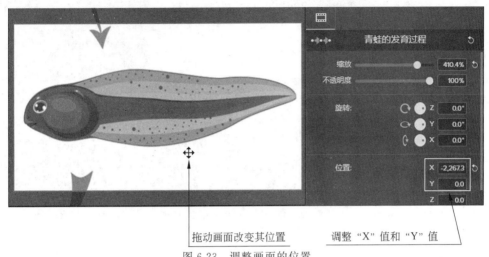

图 6.23　调整画面的位置

3. 效果的复制和粘贴

在微课视频中，有时在多个位置使用相同的缩放效果，如果一个一个地添加并进行设置会降低制作效率。实际上，在完成一个"缩放与平移"效果的设置后，可以使用复制和粘贴的方法将效果应用到其他位置。复制粘贴效果的操作与复制粘贴文字的操作是一样的，在对"缩放与平移"效果进行复制和粘贴时，效果的所有设置都将应用到新的位置。下面介绍具体的操作方法。

(1) 在效果标记上右击鼠标，在弹出的快捷菜单中选择"复制"命令复制该效果，如图 6.24 所示。

图 6.24　复制标记

(2) 定位好播放头的位置，在轨道上的任意位置右击鼠标，在弹出的快捷菜单中选择"粘贴"命令粘贴效果，粘贴的动画效果的结束位置在播放头处。在画布中对画面在屏幕上的位置进行调整，直到展示出需要的画面，如图 6.25 所示。

专家点拨：在轨道上选择"缩放与平移"动画标记后右击鼠标，在弹出的快捷菜单中选择"删除"命令，删除标记就能删除添加的"缩放与平移"效果。选中轨道上的动画标记后按 Delete 键，也可以将动画效果删除。在轨道上拖动"缩放与平移"动画标记可以移动标记在轨道上的位置，标记的位置决定了该动画的开始时间。

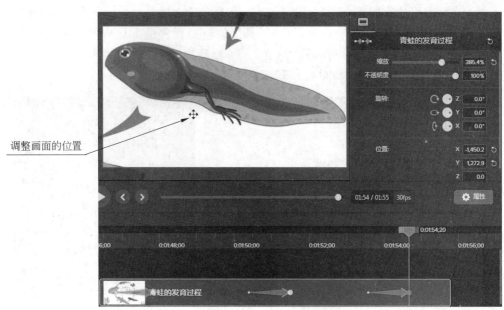

图 6.25　调整画面在画布上的位置

6.2.3　添加智能聚焦效果

大多数录屏软件是在全屏或固定屏幕大小的情况下录制的,这样有些小细节会不容易看到或者看不清。Camtasia 可以为录制的视频添加智能聚焦效果,让页面内容随着鼠标的移动放大或者缩小,从而突出细节。接下来介绍为视频添加智能聚焦的方法。

(1) 导入媒体箱中的视频素材必须使用 Camtasia 录制,视频的扩展名为.trec,如图 6.26 所示。将视频素材拖放到轨道上。

(2) 在媒体箱中的视频素材上右击鼠标,在弹出的快捷菜单中选择"详细信息"命令,查看视频的尺寸,如图 6.27 所示。

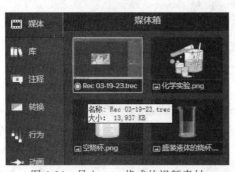

图 6.26　导入.trec 格式的视频素材

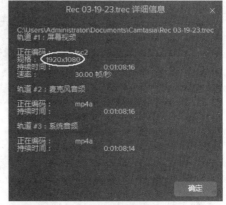

图 6.27　查看视频素材的尺寸

(3) 若画布的尺寸大于视频的尺寸,则无法使用"Smart Focus"(智能聚集)动画。在画布上右击鼠标,在弹出的快捷菜单中选择"项目设置"命令,调整画布的尺寸小于视频的尺寸,如

图 6.28 所示。

图 6.28　调整画布的尺寸

（4）单击工具箱中的"动画"标签，选择"动画"选项，将 Smart Focus 拖放到轨道视频上，这样就给视频添加了屏幕随鼠标移动缩小和放大的动画效果。

Camtasia 的智能聚集可以让页面随着鼠标的移动进行缩放，但智能聚焦往往不能很好地展示需要强调的内容，所以通常在智能聚焦后使用手动聚焦进一步优化聚焦效果。

选中动画标记的终点标记点，在属性面板中拖动"缩放"滑块将画面放大到合适的尺寸，然后在画布上将视频拖动到合适的位置，这样重点内容被放大的同时又显示在靠中心的位置。图 6.29 是调整前后的效果对比。

图 6.29　"智能聚集"配合画面"缩放"前后的效果对比

6.3　添加动画效果

放置在轨道上的标注、视频剪辑或外部素材（如图片）均可以看作单独的媒体，Camtasia 能够对这些媒体的属性进行调整，媒体的属性包括媒体的大小、透明度、位置和旋转角度等，以及一些特殊的效果属性，例如是否有阴影、边框或是否单色显示等。通过对这些属性进行设置，不仅改变了媒体的外观，还丰富了动画效果。

6.3.1　添加缩放和淡入动画效果

缩放，缩小和放大的是媒体的尺寸。Camtasia 可以对轨道上的媒体进行缩放操作，同时以动画的形式展示缩放的过程。前面讲解了如何通过"缩放与平移"功能为媒体添加缩放动画,下面通过实例介绍使用"动画"功能为媒体添加缩放动画并设置动画效果的方法。该实例是一个转场动画效果,在视频中前一个场景的局部细节适当放大,后一个场景淡入。

(1)在轨道上将视频中的前后两个场景拆分开,单击工具箱中的"动画"标签,打开"动画"界面,如图 6.30 所示。

图 6.30 "动画"界面

(2)选中第一段视频,将播放头定位到该视频片段的尾部。在"动画"界面中的"按比例放大"效果上右击鼠标,在弹出的快捷菜单中选择"添加到所选媒体"命令,这样在视频片段中就添加了一个动画标记,该动画标记的尾部与播放头对齐,如图 6.31 所示。

图 6.31 为视频片段添加动画

(3)单击动画标记右侧的标记点,在属性面板中向右拖动"缩放"滑块将画面放大,然后在画布上拖动视频画面让局部内容处于中心位置,如图6.32所示。播放视频,将会获得画面局部逐渐放大并在中心显示的动画效果。

图6.32 调大"缩放"值并移动视频画面

(4)将播放头定位到第二段视频需要添加"淡入"效果的位置,选中第二个视频片段,在"动画"界面中的"完全不透明"效果上右击鼠标,在弹出的快捷菜单中选择"添加到所选媒体"命令,在视频片段中又添加了一个动画标记,如图6.33所示。

图6.33 添加"完全不透明"效果

在添加两段动画后,获得前一个场景逐渐放大,紧接着第二个场景淡入出现的动画效果。

6.3.2 添加旋转动画效果

空间坐标系包括X轴、Y轴和Z轴,在Camtasia中,X轴和Y轴在屏幕所在的平面上,

Z轴垂直于X轴和Y轴所在的平面。调整"Z"、"Y"和"X"值就是调整媒体绕Z轴、Y轴和X轴旋转的角度,从而改变媒体在屏幕上的放置角度。将画面分别绕Z轴、Y轴和X轴旋转45°后的效果如图6.34所示。

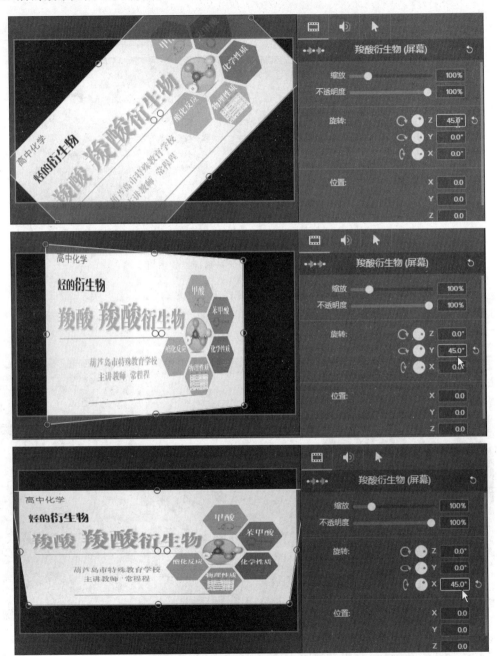

图6.34 将画面分别绕Z轴、Y轴和X轴旋转45°后的效果

专家点拨：这里输入的角度值可以是正数也可以是负数。在输入正数时媒体将绕轴逆时针旋转,在输入负数时媒体将绕轴顺时针旋转。

下面为以上两个视频片段添加前一个画面旋转飞出、后一个画面旋转飞入的动画效果。

(1) 选中第一个视频片段中动画标记右侧的标记点,在 Z 微调框中输入数值 －360,如图 6.35 所示。播放视频片段,画面在放大的同时顺时针旋转一周。

图 6.35　设置"Z"值

(2) 选中第二个视频片段中的动画标记右侧的标记点,将 Y 值设置为 360,如图 6.36 所示。播放视频片段,画面在逐渐出现的同时绕着 Y 轴旋转一周。

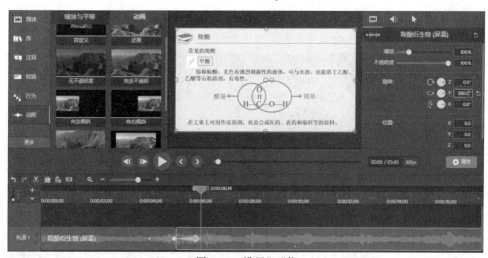

图 6.36　设置"Y"值

1. 沿 X 轴和 Y 轴的运动

在"画布"窗口中可以采用鼠标拖动的方式移动媒体,如果要将媒体准确地定位到屏幕上的某个位置,可以在属性面板中调整 X 值和 Y 值。在添加动画后通过设置媒体位置,还可以实现媒体在屏幕上移动的动画效果。

下面以创建一个标题文字的直线飞入和飞出动画效果为例,介绍添加直线运动效果的方法。

(1) 在轨道上添加文字标注,输入标题文字并对标题文字的样式进行设置。在这里,如果文字从屏幕右侧飞入,需要将文字放置到"画布"窗口外右侧。在属性面板中单击"视觉属性"选项,设置 X 值将文字置于"画布"窗口之外,如图 6.37 所示。

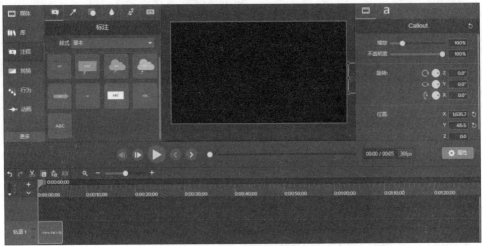

图 6.37　设置"X"值

(2) 选中标注文字,将播放头定位到标题文字的尾部。在"动画"界面中的"自定义"效果上右击鼠标,在弹出的快捷菜单中选择"添加到所选媒体"命令,在标注文字上添加了一个动画标记,拖动动画标记左侧的标记点延长动画时间。选中动画标记右侧的标记点,在属性面板中将 X 值设置为 0,此时标注文字被移动到"画布"的中心,如图 6.38 所示。播放视频,将会获得文字由屏幕右侧向左飞入屏幕中心处停止的动画效果。

图 6.38　将"X"值设置为 0

(3) 复制两个轨道上的标注文字,根据需要调整它们在轨道上的长度,删除其中的动画标记去掉动画效果。由于在步骤 1 中将媒体的位置设置到了"画布"窗口外,所以在屏幕上无法看到文字。同时选中复制的两个标注文字,将 X 值设置为 0,使它们在屏幕中心显示,如图 6.39 所示。

(4) 选中轨道上的第 3 个标注文字,在"动画"界面中的"自定义"效果上右击鼠标,在弹出的快捷菜单中选择"添加到所选媒体"命令,并拖动动画标记两侧的标记点设置动画的持续时

图 6.39 设置文字在屏幕中心显示

间。选中动画标记右侧的标记点,在属性面板中设置 Y 值使文字移出"画布"窗口,如图 6.40 所示。这样就可以得到标题文字从右侧飞入,停留片刻后快速向上方飞出的动画效果。

图 6.40 设置"Y"值

专家点拨:位置坐标的原点在屏幕中心,X 轴为水平轴,Y 轴为垂直轴,X 和 Y 值可以是正数、负数或 0。对于 X 值来说,中心的右侧为正,左侧为负;对于 Y 值来说,中心的上方为正,下方为负。垂直于屏幕的坐标轴为 Z 轴,以指向屏幕外为正方向。

2. 沿 Z 轴的运动

在 Camtasia 中,Z 轴是垂直于屏幕的坐标轴,媒体离屏幕的远近效果与 Z 坐标值有关。人眼在观察事物时,离视点近的对象给人较大的感觉,离视点远的对象让人感觉小,这就是所谓的"远小近大"透视学原理。在 Camtasia 中,调整媒体的 Z 坐标值能够改变媒体的视觉大小,让对象产生距离感。如果创建动画效果,将能够获得媒体的缩放动画效果。

下面介绍标题文字的搏动动画效果的制作过程。在视频中,文字标题放大后缩小,反复多次,像心脏搏动的效果。

(1) 在视频中添加标题文字，调整标题文字的时长，在属性面板中将媒体的 Z 值设置为最小，如图 6.41 所示。

图 6.41　将"Z"值设置为最小

(2) 定位播放头的位置，在"动画"界面中的"自定义"效果上右击鼠标，在弹出的快捷菜单中选择"添加到所选媒体"命令，并调整动画时长。选中动画标记右侧的标记点，在属性面板中设置 Z 值，使文字左右满屏显示，如图 6.42 所示。

图 6.42　将"Z"值调大

(3) 选中动画标记，按快捷键 Ctrl＋C 复制，将播放头定位到动画标记右侧的标记位置，按快捷键 Ctrl＋V 粘贴动画标记，此时新动画的头部与前一个动画的尾部相连。将 Z 值设置为最小，如图 6.43 所示。播放这段视频，将能够获得文字由小到大再缩小的动画效果。

(4) 按住 Shift 键依次单击动画标记将它们同时选中，复制后粘贴两次，如图 6.44 所示。

(5) 最后的动画效果结束后文字处于缩小状态，需要再添加一个动画效果让文字还原。复制第一个动画标记粘贴到后面，将 Z 值改为 0，如图 6.45 所示。

图 6.43　复制动画并设置"Z"值

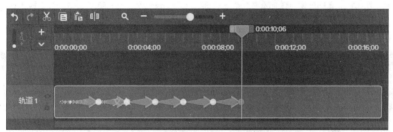

图 6.44　复制动画效果

图 6.45　粘贴动画标记并更改"Z"值

6.4　添加光标效果

在制作微课时,有时需要强化鼠标指针的存在,体现鼠标的单击或右击动作,此时就需要为鼠标添加特效。Camtasia 鼠标特效包括为鼠标指针添加特殊的显示效果和动作动画效果,本节将对相关的知识进行介绍。

6.4.1 为鼠标动作添加特效

在微课中,鼠标指针也有指示器的作用。在讲解过程中用鼠标指针指示当前内容,引导学生,这就需要鼠标指针在屏幕中突出且醒目,能够引起学生对所指位置的关注。默认鼠标指针的样式在录制完成的视频中较小,不够突出,甚至无法看清,此时需要为光标添加特效。

在录屏时,录像机会录下鼠标的各种动作,如单击或右击等。在对包含鼠标动作的视频进行编辑时,可以为鼠标指针和动作添加特效。

单击工具箱中的"光标效果"标签,在"光标效果"界面中为视频中的光标添加不同的效果。

1. 添加"光标突出显示"效果

在"光标效果"界面中将"光标突出显示"效果拖动到轨道中用 Camtasia 录制的视频上, Camtasia 便会为视频中的光标添加"光标突出显示"效果。该效果是光标被一个黄色的半透明光圈包围,在显示时很突出,如图 6.46 所示。在"光标效果"界面中将鼠标指针放置到任一光标效果缩略图上可以预览该效果,方便用户选择。

图 6.46 为视频添加"光标突出显示"效果

在"光标突出显示"属性面板中单击"颜色"选项后面的小三角,选择颜色,设置高亮区域的颜色,并拖动"不透明度"后面的滑块或直接在右侧的数值框中输入数值来改变高亮区域的透明度。设置"尺寸"值改变高亮区域的大小,拖动"柔和度"后面的滑块或直接在右侧的数值框中输入数值可以改变高亮区域边界处柔化区域的强度,其值越大边界处越柔和。在"缓入"和"缓出"数值框中输入时间,设置效果的缓入和缓出时间。单击"重置"按钮可重新设置参数,单击按钮可将"光标突出显示"效果删除,如图 6.47 所示。

单击轨道中间的三角形图标查看光标效果的作用区间,拉伸光标效果两侧的标识

第 6 章 微课的美化 205

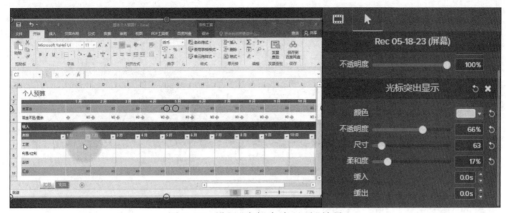

图 6.47 设置"光标突出显示"效果

调整光标效果的作用区间,如图 6.48 所示。单击并拖动可以调整光标效果在时间线上的位置,如图 6.49 所示。

图 6.48 调整光标效果的作用区间

图 6.49 调整光标效果在时间线上的位置

2. 添加"光标聚光灯"效果

"光标聚光灯"效果能够在光标周围形成全透的光圈,光圈外的区域为灰色半透明显示,就像在光标处使用聚光灯照射。在添加该效果后可以对效果进行设置,"颜色"用于调整暗化部分的颜色,调整"尺寸"值可以改变光圈的大小,调整"柔和度"值可以改变光圈边界处的柔化程度,调整"饱和度"值可以改变光标周围颜色的饱和度,调整"不透明度"值将改变画面上暗化部分的不透明度,调整"模糊"值将改变暗化部分的模糊程度,如图 6.50 所示。

3. 添加"光标放大"效果

将"光标放大"效果拖动到轨道中用 Camtasia 录制的视频上,在鼠标指针处将形成一个放大镜,鼠标指针所指位置的画面将被放大。调整"尺寸"值将更改光圈的大小,调整"缩放"值将改变光圈中画面的放大程度,调整"阴影"值将更改光圈的阴影大小,调整"柔和度"值将

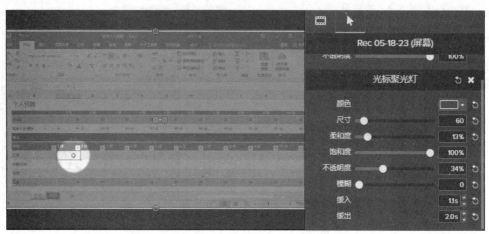

图 6.50　应用"光标聚光灯"效果

改变光圈边界的柔化程度,如图 6.51 所示。

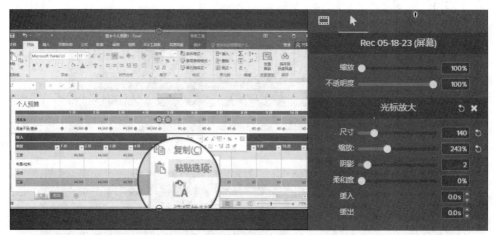

图 6.51　应用"放大镜"效果

4. 添加"光标平滑"效果

"光标平滑"效果可以让光标的运动轨迹变得更加平滑。在录屏过程中自然移动鼠标会产生许多多余的轨迹,"光标平滑"效果可以让光标的轨迹形成一条直线,简洁又清晰。在其属性面板中"持续时间"用于控制光标从一点移动到另一点的时长;"延迟"用于控制光标单击前后悬停的时长,确保单击和移动鼠标都在正确的时间发生;"缓动"用于控制是否应用缓动效果;"检测到光标暂停"可以检测到光标是否在某处暂停移动,如果没有勾选该复选框,光标只会停止在单击处,如图 6.52 所示。

图 6.52　设置"光标平滑"效果

专家点拨:在微课视频中,有时为了避免鼠标指针对画面的干扰,可以将属性面板中的"不透明度"值设置为"0",不显示指针,如图 6.53 所示。如果只有部分使用光标效果,可以将视频分段截取选中,再添加光标特效。

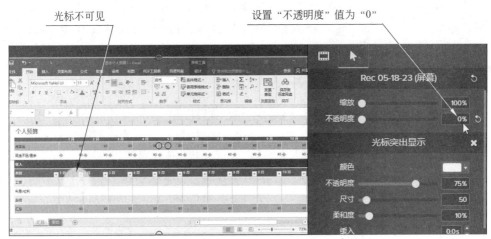

图 6.53　设置鼠标指针不可见

6.4.2　表现鼠标动作

在制作微课(特别是信息科技类微课)时,需要在视频中表现出当前进行的鼠标动作,如鼠标是否有单击动作,单击的是左键还是右键。Camtasia 在录制视频时记录了鼠标的动作,在编辑视频时只需将这些记录的鼠标动作表现出来。

下面以为鼠标左键单击添加光标效果为例介绍表现鼠标动作的方法。

在"光标效果"界面中选择"左键单击光标效果" 选项,将"左键单击环"效果拖动到轨道中用 Camtasia 录制的视频上,当单击鼠标左键时将会在鼠标指针处出现一个圆圈淡入淡出动画,从而标示出鼠标的左键单击动作。在"左键单击环"属性面板中"颜色"用于调整效果圆圈的颜色,调整"不透明度"值可以改变效果圆圈的不透明度,调整"尺寸"值可以更改效果圆圈的大小,调整"环宽度"可以更改效果圆圈的线条粗细,调整"持续时间"值可以更改效果动画的持续时长,如图 6.54 所示。

图 6.54　添加"左键单击环"效果

专家点拨：使用 Camtasia 同样可以为鼠标右键单击动作添加效果，与鼠标左键单击动作一样，"右键单击光标效果"包括右键单击范围、右键单击环、右键单击目标、右键单击声音、右键单击弯曲、右键单击纹波共 6 种效果，其设置方法与左键单击光标效果的设置相同。在视频中，为了将单击和右击区分开，最好不要将它们的效果设置得相同。

6.5 美化微课元素

一个优秀的微课作品，不仅教学目标明确、重点突出、内容完整，还要有一定的艺术性。美化微课元素，一方面在制作 PPT 课件时整体要有统一的版式和风格，用 PPT 的特有功能增强视觉效果，如母版、颜色、字体等；另一方面可以通过 Camtasia 进行后期处理，Camtasia 除了能够改变媒体的大小、位置和角度之外，还可以为媒体添加阴影、边框和马赛克等视觉效果。下面对这些效果的应用进行介绍。

6.5.1 为媒体添加阴影

Camtasia 能够为媒体添加阴影效果，使媒体呈现浮出背景表面的立体效果。选择轨道上的媒体，单击工具箱中的"视觉效果"标签，在"视觉效果"界面中的"阴影"效果上右击鼠标，在弹出的快捷菜单中选择"添加到所选媒体"命令，媒体被添加了阴影效果，如图 6.55 所示。

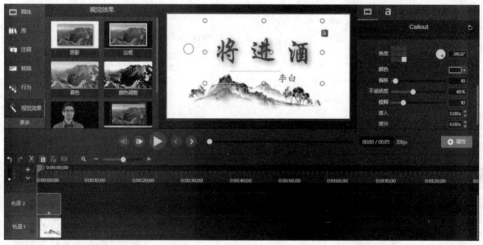

图 6.55 为媒体添加阴影效果

在为媒体添加阴影效果后，可以对阴影效果进行设置。调整偏移值，可以更改阴影与媒体之间的距离，该值越大，阴影距离媒体越远，如图 6.56 所示。

"颜色"用于调整阴影的颜色。调整"角度"可以改变阴影的方向，单击预设的位置、直接输入数值、在白色圆形框中拖动鼠标，都可以设置阴影的角度。将"角度"值设置为 60，阴影将出现在与媒体呈 60°角的右上方，如图 6.57 所示。

调整"不透明度"值设置阴影的不透明度，该值越大阴影越不透明，展现出浓厚的效果，如图 6.58 所示。

调整"模糊"值设置阴影的模糊程度，该值越大阴影越模糊，如图 6.59 所示。

"缓入"和"缓出"设置阴影缓慢出现和缓慢消失的效果。

图 6.56 设置"偏移"值

图 6.57 设置"角度"

图 6.58 设置"不透明度"值

图 6.59 调整"模糊"值

6.5.2 为媒体添加边框

使用 Camtasia 可以为媒体添加矩形边框。选择轨道上的媒体,单击工具箱中的"视觉效果"标签,在"视觉效果"界面中的"边框"效果上右击鼠标,在弹出的快捷菜单中选择"添加到所选媒体"命令,媒体被添加了矩形边框。

单击"颜色"选项后面的小三角,选择颜色可设置边框的颜色。拖动"粗细"滑块或在其微调框中输入数值改变边框的宽度,"粗细"值越大边框越粗。将边框的颜色设置为黑色,"粗细"值设置为 3,效果如图 6.60 所示。

图 6.60　为媒体添加边框并设置边框的颜色和线条的粗细

6.5.3 添加移动马赛克

在编辑视频的过程中,个人隐私信息、人脸、环境或一些比较恐怖的画面等需要添加马赛克,而这些内容往往是运动变化的,一帧一帧地贴马赛克又降低了效率,运用 Camtasia 的注释和动画功能可以实现马赛克的移动追踪效果。下面介绍具体的操作方法。

(1) 将播放头定位到需要添加马赛克的初始位置,单击工具箱中的"注释"标签,选择"特殊形式"选项,然后在"像素化"效果上右击鼠标,在弹出的快捷菜单中选择"添加到位于播放头的时间轴"命令,播放头所在的位置出现了"像素化"效果,如图 6.61 所示。

图 6.61　添加"像素化"效果

(2) 在轨道上将"像素化"效果的右端拖至效果结束的位置,如图 6.62 所示。

图 6.62　调整"像素化"时长

(3) 单击工具箱中的"动画"标签,然后选择"动画"选项,在"动画"界面中将"自定义"效果拖动到轨道中的"像素化"效果上,拖动动画标记的左、右侧标记点,使其与"像素化"效果的长度相同,如图 6.63 所示。

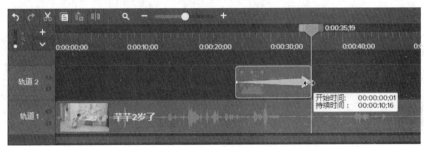

图 6.63　添加"自定义"效果并调整动画时长

(4) 选中轨道上的"像素化"效果,将播放头移动到"像素化"效果开始的位置,然后单击属性面板中的"注释属性"选项,在该界面中调整像素化强度。同样移动播放头到"像素化"效果结束的位置,设置像素化强度与开始时相同,如图 6.64 所示。

图 6.64　调整"像素化"效果的强度

(5) 将播放头移动到"像素化"效果开始的位置,在画面上用"像素化"效果遮盖人眼,并调整"像素化"效果边框的大小和角度,单击"视频预览按钮"中的"下一帧"按钮,再次用

"像素化"效果遮盖人眼,调整"像素化"效果边框的大小和角度,这样一帧一帧地调整,直到调整好每一帧中"像素化"效果的位置、大小、角度,如图 6.65 所示。

图 6.65　调整每一帧中"像素化"效果的位置、大小、角度

在全部调整完毕后,追踪的马赛克效果就制作完成了。

6.6　添加"行为"特效

"行为"特效是指为媒体添加动画预设,根据需要添加某些独特的效果,让整个画面更加生动。就像在 PPT 中,每张幻灯片的切换都可以设置动画一样,Camtasia 中的图像、文字、注释等素材也可以添加"行为"特效。

本节以制作一个片头动画为例,介绍为图像、文本和注释添加"行为"特效的方法与设置技巧。

6.6.1　为图像添加"行为"特效

"行为"特效是 Camtasia 9 中新增的一个动画类型。单击工具箱中的"行为"标签,可以看到里面包含 11 个"行为"特效。将鼠标指针移动到某一"行为"特效的缩略图上,可以预览该"行为"特效的动画效果,演示的动画效果以文字的形式展示,将其添加到图像上,动画效果有时会有所不同。下面以添加"脉动"动画为例,介绍为图像添加"行为"特效的方法。

(1) 单击工具箱中的"行为"标签,将"行为"界面中的"脉动"动画拖动到轨道中的"足球"图像上,如图 6.66 所示。

(2) 单击属性面板中的"行为属性"选项 ,下方出现 3 个动画状态,如图 6.67 所示。

- "进"面板:设置媒体进入过程中使用的动画效果。

第 6 章 微课的美化 213

图 6.66　添加"脉动"动画

- "期间"面板：设置媒体展现在画布上时使用的动画效果。
- "出"面板：设置媒体退出过程中使用的动画效果。

这与在 PPT 中为素材添加动画相似，只是 PPT 需要对"进入""强调""退出"分别添加，而 Camtasia 只需一次就完成了动画所有动作的添加。

在"进"面板中单击"样式"选项后面的小三角，在打开的列表中可以重新选择样式，选择不同的样式，其下的某些参数会发生变化。如选择"正在滑动"样式，单击"方向"选项后面的小三角，可以改变"滑动"的方向。拖动"速度"选项后面的滑块改变"滑动"的速度。"移动"选项用于设置媒体进入过程中的动画效果，单击"移动"选项后面的小三角，在打开的列表中选择合适的选项，如图 6.68 所示。

图 6.67　"行为"属性面板

图 6.68　"进"面板

（3）在"期间"面板中，参照图 6.69 进行设置，其中"缩放"值用于调节动画的变化幅度；"循环时间"用于设置媒体完成一个"脉动"动画所需的时间；"延迟"用于设置媒体完成一个"脉动"动画后停止的时间；"永远循环"在默认情况处于勾选状态，只要媒体还在画布上，"脉动"动画就会一直循环下去,去掉该复选框的勾选,可以在循环后面指定循环的次数。

（4）"出"面板各选项的设置与"进"和"期间"面板的设置相似,如图6.70所示。

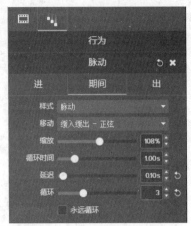

图6.69 "期间"面板设置

图6.70 "出"面板设置

6.6.2 为文本添加"行为"特效

为文本添加"行为"特效,Camtasia 的"行为"特效设置选项相对较多。下面以添加"显示"动画为例,介绍为文本添加"行为"特效的方法。

（1）选择"标注"界面中不带图形的文本标注,将其拖动到新轨道上,在文本框中的字母"ABC"上双击,然后输入标题文字并设置好标题文字的字体和尺寸,调整文本框的大小,让标题文字横排显示。在画布上将文本标注向下轻移,拖动轨道上文本标注的右侧边界使其与下面轨道上的媒体的时长相同,如图6.71所示。

图6.71 添加文本标注

（2）将"行为"界面中的"显示"动画拖动到画布中的文本标注上,如图6.72所示。

（3）在"进"面板中单击"类型"选项后面的小三角,如果选择"对象"选项,Camtasia 会将文本看作一个整体一起进入,不对单个文字进行动画处理;如果选择"文本"选项,在级联菜单中可以选择文字逐个进入的方式,这里选择"第一个到最后一个"。"偏移"用于设置文字

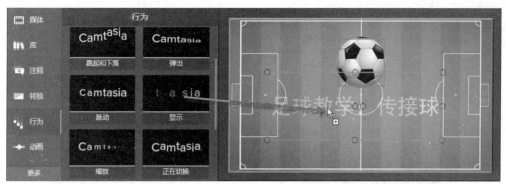

图 6.72 添加"显示"动画

的间隔时间。图 6.73 是同一帧选择"对象"和"文本"后不同的动画效果。

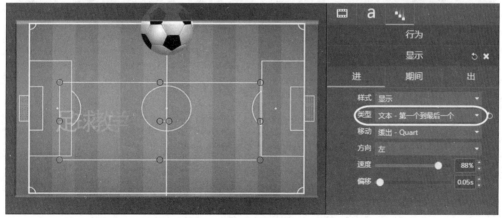

图 6.73 选择"对象"和"文本"后同一帧上不同的动画效果比较

（4）"期间"面板可参照图 6.74 进行设置，其中的"不透明度"用于设置媒体的不透明度。

（5）"出"面板可参照图 6.75 进行设置，其中的"张力"用于设置媒体离开原位置的距离，该数值越大离开原位置的距离越小。

图 6.74 文本的"期间"面板设置

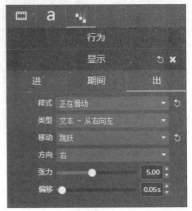
图 6.75 文本的"出"面板设置

6.6.3 完成片头动画

Camtasia 将带有图形的文本看作一个整体，在其"进"、"期间"和"出"面板中没有"类型"选项。将"标注"界面中带有图形的文本标注添加到轨道上，并输入文字，拖动轨道上带有图形的文本标注的右侧边界使其与下面轨道上的媒体的时长相同，再为其添加"淡入淡出"特效，调整"进"面板和"出"面板中的"速度"值，如图 6.76 所示。

图 6.76 调整"速度"值

调整足球、标题文字和带有图形的文本标注在轨道上的显示顺序，播放动画效果，如图 6.77 所示。

同一媒体可以同时添加多个"行为"特效，如图 6.78 所示，为足球图像同时添加了"脉动""飞入"和"跳起和下落"3 个"行为"特效。

同时选中轨道上的多个媒体，然后在"行为"界面中的某个特效上右击鼠标，在弹出的快

图 6.77　某一帧上的动画效果

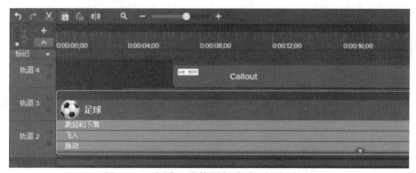

图 6.78　为同一媒体添加多个"行为"特效

捷菜单中选择"添加到所选媒体"命令,轨道上选中的媒体会被添加同一特效。同样,同时选中轨道上的多个媒体,在"行为"属性面板中单击某一特效后面的 ,多个媒体的这一特效将同时被删除。

6.7　本章习题

一、填空题

1. 当轨道上的转场标记被选择时,其显示为_____,非选择状态显示为_____。当选择某个转场标记后,按_____键可以将其删除。转场标记被删除意味着添加的_____也被删除。

2. 在完成一个"缩放"效果的设置后,可以使用_____方法将效果应用到其他位置,此时该效果的所有_____都将保留并被应用到新的位置。

3. 在 Camtasia 中,屏幕上的 X 轴是_____轴,以_____方向为正方向;_____轴为 Y 轴,以_____方向为正方向;_____轴为 Z 轴,以_____为正方向。

二、选择题

1. 给轨道上相接的多张图片添加相同转场,最省力的操作是( )。
   A. 拖动鼠标框选多张图片,在"转换"效果上右击鼠标,选择"添加到所选媒体"命令
   B. 依次将"转换"效果拖动到轨道上图片的两端
   C. 依次将"转换"效果拖动到轨道上图片的中间
   D. 按住 Ctrl 键单击多张图片,在"转换"效果上右击鼠标,选择"添加到所选媒体"命令

2. 下面( )图显示的是鼠标指针的"光标聚光灯"效果。

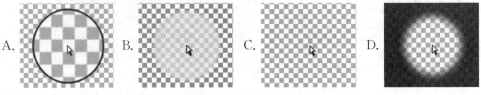

3. 在 Camtasia 中,X 轴、Y 轴和 Z 轴的中心位于( )。
   A. 屏幕的左上角　　B. 屏幕的右上角　　C. 屏幕的中心　　D. 屏幕的左下角

6.8　上机练习

练习 1　使用两种方式为视频切换添加淡入淡出转场效果

主要操作步骤提示:

(1) 直接使用"淡入淡出"转换效果。

(2) 在两个视频片段的结尾和开始处添加"自定义"动画效果,然后对动画效果进行编辑,修改第一个视频片段结尾处的动画的"不透明度"为 0,将第二个视频片段开始处的"不透明度"设置为 0。

练习 2　制作文字弹跳进入的动画效果

主要操作步骤提示:

(1) 为视频中的文字添加动画,对动画进行编辑,获得文字从左上角移动到屏幕下方的动画效果。

(2) 使用复制粘贴的方式在该动画后添加相同的动画效果,对动画效果进行编辑,获得文字向上运动一段距离的动画效果。

(3) 紧接着上面的动画再次粘贴动画效果,对动画效果进行编辑,获得文字下落的动画效果。

(4) 使用相同的方法依次粘贴动画效果并编辑,获得文字多次上下运动的动画效果。

(5) 这里每段动画的运动距离要逐渐缩短,同时应该根据文字的运动距离调整动画的持续时间,以便获得文字弹跳多次后逐渐停下来的效果。

练习3 制作倒计时动画

主要操作步骤提示：

(1) 在画布上方的工具栏中单击右侧的小三角，选择"项目设置"，设置"画布规格"为1280×720，画布颜色为蓝色。

(2) 在"标注"界面中将圆形气泡标注放置到画布中央，拖动标注右下角的箭头至圆形中央，将标注的箭头隐藏。将标注中的文字改为数字3，设置文字的尺寸，适当放大，设置文字的颜色也为蓝色。设置圆形气泡标注的颜色为白色，为圆形气泡标注添加阴影效果。

(3) 在轨道中的圆形气泡标注上右击鼠标，在弹出的快捷菜单中选择"持续时间"，设置为0.8秒。

(4) 在轨道上复制粘贴两个同样属性的标注，分别将其中的数字改为2、1。

(5) 按快捷键Ctrl+A选中轨道上的所有媒体，将"行为"界面中的"脉动"动画拖动到轨道中的任一标注上。

第 7 章 微课的交互性

衡量微课质量的标准是学生的接受程度,而衡量学生接受程度最有效的方法是在视频中添加具有互动功能的测验题。Camtasia 除了可以编辑视频和添加特效,还可以实现视频的跳转播放,同时可以制作测验题,如单选题、填空题、简答题和判断题。本章将对 Camtasia 中互动的实现和带测验的微课视频的输出进行介绍。

本章主要内容:
- 添加交互式热点
- 制作测验题
- 发布带测验的微课

7.1 添加交互式热点

使用 Camtasia 对微课视频进行处理,有时需要实现在视频中跳转。Camtasia 具有添加交互式热点的功能,使用该功能能够在单击后直接跳转到指定的位置。

7.1.1 添加热点

制作微课的目的之一是促进学生自主学习,而学生在观看视频时无法快速地定位到指定知识点所在的位置。如果要解决这样的问题,就需要像普通的课件那样增加用于控制画面跳转的导航按钮。在交互中,热点指的是在屏幕上能够对鼠标单击动作产生反应的区域。Camtasia 能够添加交互式热点,观看者单击热点区域即可跳转到指定画面进行播放。热点为一张 PNG 格式的图片,下面介绍在 Camtasia 中添加热点的两种方法。

方法一:

(1) 将微课视频和作为热点的 PNG 格式的图片导入媒体箱中并添加到轨道上。根据需要设置图片在轨道上的位置和显示时长。在画布上调整图片的大小和位置,如图 7.1 所示。

(2) 将播放头定位到图片开始的位置,单击工具箱中的"注释"标签,在"标注"界面中选择"特殊形式"选项,在"交互式热点"效果上右击鼠标,在弹出的快捷菜单中选择"添加到位于播放头的时间轴"命令,轨道上播放头所在的位置出现了"交互式热点"效果片段,如图 7.2 所示。

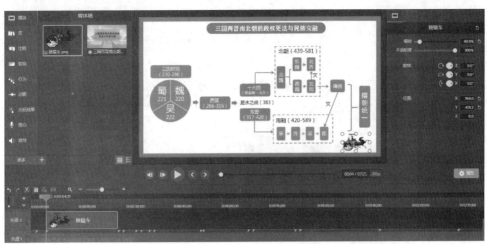

图 7.1　添加作为热点的图片并调整图片的大小、位置和时长

图 7.2　使用"注释"功能添加"交互式热点"

（3）在画布上调整"交互式热点"的大小和位置使其刚好覆盖图片，设置"交互式热点"在轨道上的长度，使其与图片的长度一致，如图 7.3 所示。

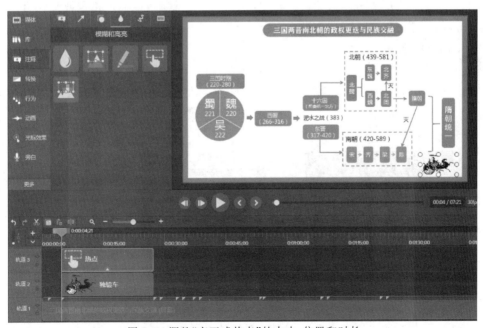

图 7.3　调整"交互式热点"的大小、位置和时长

方法二：

将"视觉效果"界面中的"交互式热点"效果拖动到画布或轨道中的图片上，就完成了"交互式热点"的添加，如图7.4所示。

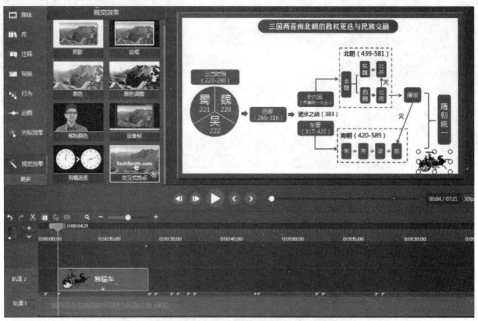

图7.4 使用"视觉效果"功能添加"交互式热点"

7.1.2 热点的跳转

创建热点的作用是让观众能够通过单击热点区域将画面跳转到指定的位置。在创建热点后，需要为热点指明单击的目标地址。在Camtasia中除了可以通过指定视频的时间点定位跳转的位置，还可以通过标记来进行定位。下面分别对这两种方法进行介绍。

1. 使用时间定位

选中轨道上的"交互式热点"，在"交互式热点"属性面板中选择"时间"单选按钮，在其后的文本框中输入时间值。例如，这里需要在单击热点对象后跳转到视频的29秒处，在文本框中输入时间。在完成设置后，单击"测试"按钮测试效果，播放头迅速定位到时间线的29秒处，如图7.5所示。

图7.5 设置"时间"定位并测试效果

2. 使用标记定位

（1）在轨道上单击"显示或隐藏测验或标记"按钮 ，轨道的上方会出现半透明区域，在轨道1上方的半透明区域单击即可添加标记，然后更改标记的名称，如图7.6所示。

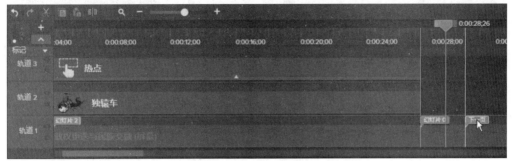

图7.6　添加标记并更改标记的名称

（2）选中轨道上的"交互式热点"，在其属性面板中选择"标记"单选按钮，在列表中选择作为跳转目标的标记，如图7.7所示。单击"测试"按钮，播放头跳转到标记所在的位置。

图7.7　选择作为跳转目标的标记并测试效果

专家点拨：在"交互式热点"属性面板中勾选"在结束时暂停"复选框，当作为热点的对象在屏幕上出现时播放将暂停。选择"URL"单选按钮，在其后的文本框中输入URL地址，则单击热点对象时将打开URL指定的网页。选择"单击以继续"单选按钮，可以通过单击热点对象使暂停的视频继续播放。

7.1.3　在热点中添加文字

在创建热点后，需要为热点添加文字来说明热点的作用。使用Camtasia可以直接为热点添加文字，文字将作为热点的一部分随着热点对象移动。下面介绍为热点添加文字的方法。

在画布上的"交互式热点"内双击鼠标，输入文字"Next"。选中画布上的文字，在属性面板中设置文字的字体、尺寸和颜色，然后单击"右对齐"按钮和"下对齐"按钮，使热点文字位于"交互式热点"的右下角，效果如图7.8所示。

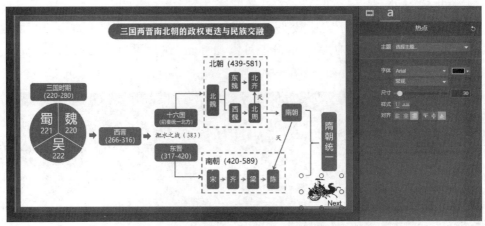

图 7.8　为"交互式热点"添加文字并设置文字的位置

7.2　制作测验题

与传统的视频编辑软件相比,Camtasia 最大的不同是有测验题制作功能,能够创建常见类型的测验题。下面介绍使用 Camtasia 创建测验题的有关知识。

在 3.3.11 节中介绍了如何在时间线上添加测验,本节介绍在媒体上添加测验的方法。

7.2.1　制作单选题

单选题是各科考试中的一种最为常见的客观题型,下面介绍使用 Camtasia 制作单选题的具体方法。

1. 创建试题

(1)将需要添加测验题的微课视频导入媒体箱中并添加到轨道上,将播放头定位到需要添加单选题的位置,单击工具箱中的"交互性"标签,选中轨道上的视频,此时"交互性"界面中的"所选媒体"按钮 处于可选状态,单击"所选媒体"按钮,即可完成测验的添加,在轨道上出现了测验标记,更改轨道上测验的名称,如图 7.9 所示。

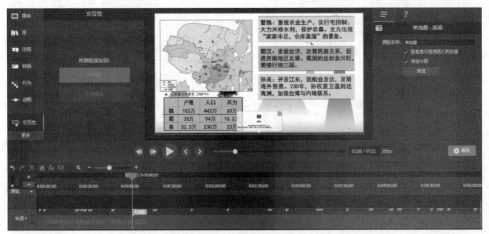

图 7.9　创建测验题

(2) 在属性面板中单击"测验问题属性"标签,在默认情况下,Camtasia 创建的测验"类型"为"多项选择",这里不做更改。在"问题"文本框中输入问题题目,在下方的"答案"文本框中输入第一个选项的内容,如图 7.10 所示。

(3) 单击"答案"的第二个文本框,输入单选题的第二个选项的内容,如图 7.11 所示。

图 7.10　添加单选题

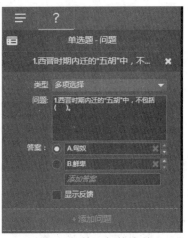

图 7.11　输入新的选项

(4) 在完成 4 个选项的输入后,单击正确答案前的圆圈,圆圈内出现白色圆点,说明正确答案已设置完成,如图 7.12 所示。

(5) Camtasia 还加入了"显示反馈"功能,勾选下方的"显示反馈"复选框,会出现"显示反馈"设置面板,用户可根据实际情况填写下面的内容。例如当回答正确时出现"恭喜你,回答正确!",答错了直接跳转到之前讲解的位置,让学生再次回答,如图 7.13 所示。另外,还可以设置问题回答正确或错误时的其他"操作",包括"继续"、"转到 URL"、"跳转到时间"和"跳转到标记",如图 7.14 所示。

图 7.12　设置正确答案

图 7.13　设置"显示反馈"

（6）在完成一个问题的创建后，单击"添加问题"按钮添加新的单选题，如图 7.15 所示。按照上面的步骤依次添加问题题目及答案并指定正确答案，如图 7.16 所示。继续按照上面的步骤添加新的题目直到全部完成。

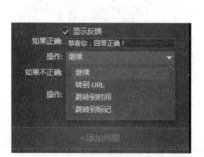

图 7.14　选择"操作"选项

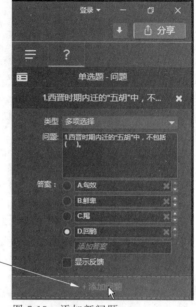

图 7.15　添加新问题

专家点拨：拖动轨道上的测验标记可以改变测验标记在轨道上的位置。在测验标记上右击鼠标，在弹出的快捷菜单中选择"编辑问题"命令，可以对问题的内容和答案等进行修改。选中测验标记，按 Delete 键可以将测验题从项目中删除。

2. 预览试题

在完成试题的创建后可以预览试题效果。

（1）在属性面板中单击"测验选项"标签　，然后单击"预览"按钮　，如图 7.17 所示。

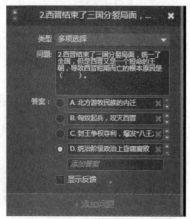

图 7.16　添加选项并指定正确答案

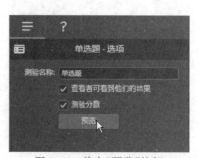

图 7.17　单击"预览"按钮

(2) 出现图 7.18 所示的问题对话框,该对话框中显示当前题号、试题总数、问题题目和选项,同时还提供了"上一题"和"下一题"按钮供用户翻页。在完成答题后单击"下一题"按钮进入下一题。

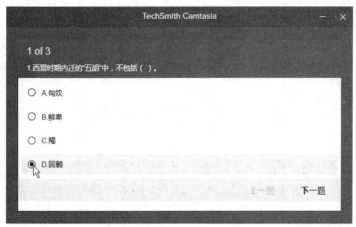

图 7.18　问题对话框

(3) 在最后一题单击"提交答案"按钮即可提交答案并完成答题,如图 7.19 所示。

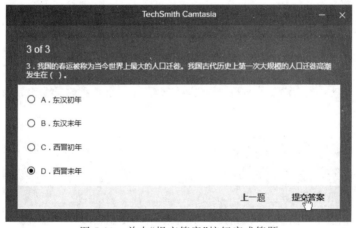

图 7.19　单击"提交答案"按钮完成答题

(4) 在提交答案后会出现图 7.20 所示的对话框,该对话框中给出了正确的题数和所占的百分比以及错误的题数和所占的百分比。选择"查看答案"选项,将从第一题开始对选择答案进行判断,如果选择正确,选项前会打上绿色的"√",如图 7.21 所示;如果选择错误,选项前会打上红色的"×",并在正确的答案前打上绿色的"√",如图 7.22 所示。选择"继续"选项,将从第一题开始重新答题。

专家点拨:在"测验选项"属性面板中默认勾选"查看者可看到他们的结果"复选框。在提交答案后,将在页面中出现图 7.20 所示的列表,学生可以选择"查看答案"选项。如果取消对"查看者可看到他们的结果"复选框的勾选,学生在提交答案后无法查看测试答案。

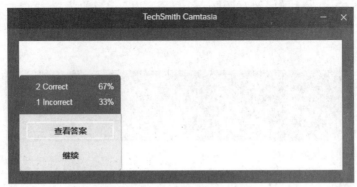

图 7.20 提交答案后的对话框

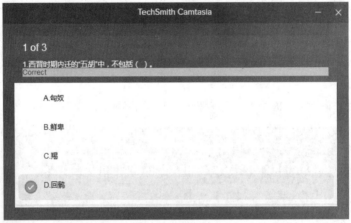

图 7.21 显示答案正确

图 7.22 显示答案错误并给出正确答案

7.2.2 制作填空题

填空题是一种常见的测验题型,需要学生填写空白处的内容。下面介绍使用 Camtasia

创建填空题的方法。

(1) 在轨道中的媒体上添加一个测验题,修改测验题的名称,在属性面板的"类型"列表中选择"填空"选项,将测验题的类型设置为填空题,如图 7.23 所示。

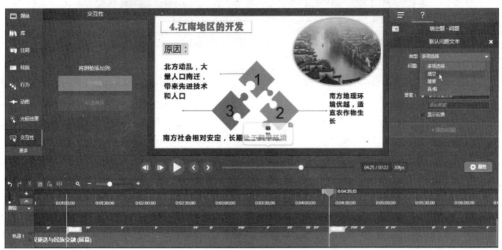

图 7.23　设置测验题的类型为填空题

(2) 在"问题"文本框中输入题目,在"答案"文本框中输入正确答案,正确答案如果不唯一,应给出所有正确答案,让微课视频对学生的答案做出正确的判断,如图 7.24 所示。

专家点拨:Camtasia 无法设置问题和答案文字的字体、大小和颜色等,也无法像传统的文字处理软件那样通过添加下画线的方法来制作填空题中表示填写答案位置的下画线,可以在英文状态下按 Shift 键和主键盘区中的"-"键来绘制下画线。

(3) 单击"添加问题"按钮添加下一道填空题,输入问题题目,在"答案"文本框中输入填空题的答案,如图 7.25 所示。

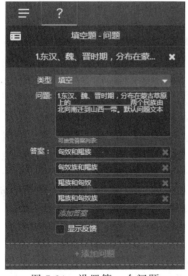

图 7.24　设置第一个问题　　　　图 7.25　添加下一道填空题

(4) 在完成填空题的添加后,单击"测验选项"属性面板中的"预览"按钮,预览填空题答题对话框,如图 7.26 所示。

图 7.26　填空题答题对话框

(5) 在完成所有填空题后,单击"提交答案"按钮提交答案,如图 7.27 所示。在页面中选择"查看答案"选项,如图 7.28 所示。学生可以逐题查看答题情况,在对话框中将反馈学生的答案是否正确,如图 7.29 所示。

图 7.27　单击"提交答案"按钮提交答案

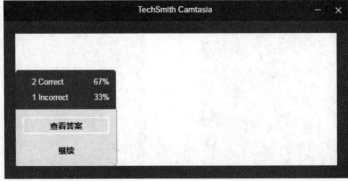

图 7.28　选择"查看答案"选项

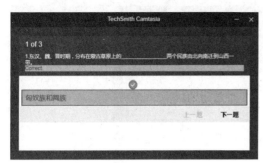
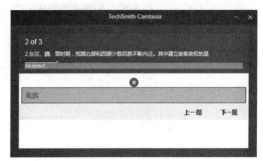

图 7.29 反馈填空结果

7.2.3 制作简答题

简答题是对题目要求做出简要回答的测验题型,可以考查学生对知识点的理解和应用能力。下面介绍使用 Camtasia 制作简答题的方法。

(1) 在轨道中的媒体上添加测验题,更改轨道上测验题的名称,在属性面板的"类型"列表中选择"简答"选项,将测验题的类型设置为简答题,如图 7.30 所示。

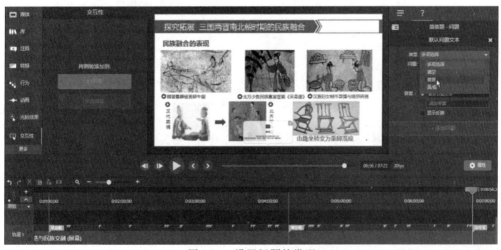

图 7.30 设置问题的类型

(2) 在"问题"文本框中输入问题,如图 7.31 所示。依次在项目中添加题目,在完成题目的添加后,单击"测验选项"≡属性面板中的"预览"按钮预览题目效果。

(3) 在问题对话框中显示问题的内容,学生在问题下方的文本框中输入答案,如图 7.32 所示。单击"下一题"按钮将进入下一题。在完成所有问题的回答后,单击"提交答案"按钮提交答案,选择"查看答案"选项,在对话框中显示学生填写的内容,如图 7.33 所示。

专家点拨:由于简答题属于主观题,Camtasia 没有要求用户像选择题和填空题那样设置正确答案,因此对话框中只显示填写的内容,无法对答案的正误进行判断。

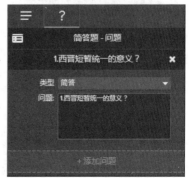

图 7.31 输入问题

图 7.32　在文本框中填写答案

图 7.33　显示学生填写的内容

7.2.4　制作判断题

判断题也是一种常见的主观测验题,要求学生对问题的正误进行判断。下面介绍在 Camtasia 中创建判断题的方法。

(1) 在轨道中的媒体上添加测验题,修改测验题的名称,在属性面板的"类型"列表中选择"真/假"选项,将测验题的类型设置为判断题,如图 7.34 所示。

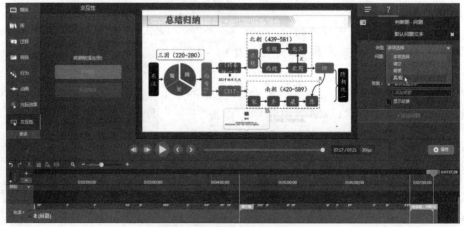

图 7.34　设置问题的类型为判断题

（2）在"问题"文本框中输入问题，根据问题的正确性选择"答案"栏中对应的"真"或"假"单选按钮，如图 7.35 所示。

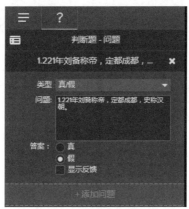

图 7.35　输入问题和答案

（3）使用前面介绍的方法添加新的问题并设置问题的答案。在完成所有问题的添加后，单击"测验选项"属性面板中的"预览"按钮预览题目效果。在对话框中选择"真"或"假"单选按钮对问题做出判断，如图 7.36 所示。

图 7.36　对话框中的判断题

（4）在完成答题后提交答案，同样判断题也可以查看答案，页面中将显示所提交答案的正误，如图 7.37 所示。

图 7.37　显示提交答案的正误

7.3 发布带测验的微课

微课的发布分为两种，一种是微课中没有添加测验题，在发布时选择高清格式导出；另一种是添加了测验题，在发布时会有一些特殊要求，如果相关参数设置不符合要求，添加的测验题会失效。

7.3.1 测验的发布

单击 Camtasia 工作界面右上角的"分享"按钮 ，选择"本地文件"选项，进入"生成向导"欢迎对话框，在该对话框的下拉列表中选择"自定义生成设置"选项。单击"下一步"按钮，进入"生成向导"媒体格式选择对话框，默认选择"MP4-智能播放器（HTML5）"单选按钮，如图 7.38 所示，发布带测验的微课推荐选择该单选按钮。

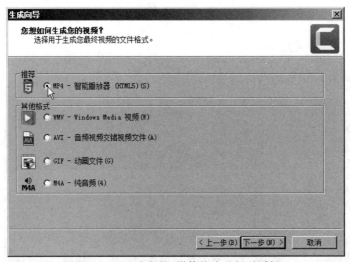

图 7.38 "生成向导"媒体格式选择对话框

单击"下一步"按钮，打开"生成向导"Smart Player 选项对话框，其中包含 5 个可进行详细设置的项目，在该对话框中单击"选项"标签，如图 7.39 所示，勾选"测验"复选框，这样在后面会出现"生成向导"测验报告选项对话框。

单击"下一步"按钮，打开"生成向导"视频选项对话框，在该对话框中可以对"视频信息""作者信息""水印"等进行填写。

继续单击"下一步"按钮，打开"生成向导"测验报告选项对话框，如图 7.40 所示，在该对话框中设置测验的相关参数，包括使用 SCORM 报告测验结果、通过电子邮件报告测验结果、查看者身份、测验外观 4 部分内容。

1. 使用 SCORM 报告测验结果

勾选该复选框，单击右侧的"SCORM 选项"按钮，打开"清单选项"对话框，如图 7.41 所示。

"清单选项"对话框中包括"课程信息""测验成功""完成要求""SCORM 包选项"。

"测验成功"是指学生回答测验题时达到最低及格分数，通过拖动滑块调整。例如设置

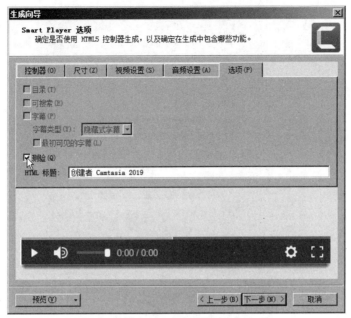

图 7.39 "选项"标签

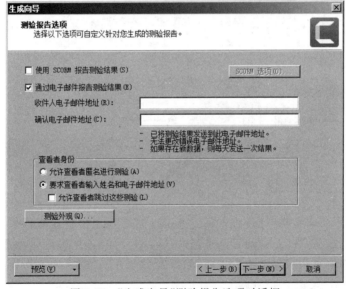

图 7.40 "生成向导"测验报告选项对话框

为 60%,学生的测验结果需要达到此标准才可以继续观看后面的微课视频。

"完成要求"是指对学生答题前观看视频总量的要求,通过拖动滑块调整"所需的查看百分比"数值。例如设置为 40%,学生在答题前必须看完视频的 40%才能进行答题。

2. 通过电子邮件报告测验结果

勾选该复选框,"收件人电子邮件地址"和"确认电子邮件地址"处于可编辑状态,在文本框中填写电子邮件地址,如图 7.42 所示,用户登录提供该视频服务的网站观看视频并答题提交答案后,测验结果将自动发送至用户的邮箱。

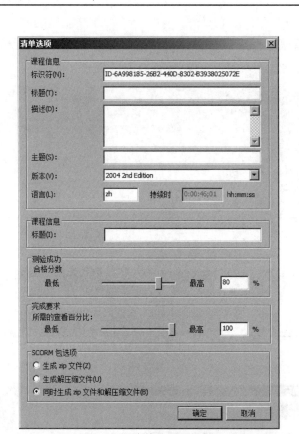

图 7.41 "清单选项"对话框

图 7.42 填写电子邮件地址

3. 查看者身份

"查看者身份"栏中包括"允许查看者匿名进行测验"和"要求查看者输入姓名和电子邮件地址"两个单选按钮,在勾选"通过电子邮件报告测验结果"复选框后,这两个单选按钮只能选择一个,制作者可根据需要进行选择,如图 7.43 所示。

图 7.43 设置"查看者身份"栏

4. 测验外观

单击"测验外观"按钮，打开"测验外观"对话框，在该对话框中可以对测验题中控制按钮上的文字进行个性化设置，如图 7.44 所示，微课制作者可以对每个文本框中的内容进行更改。

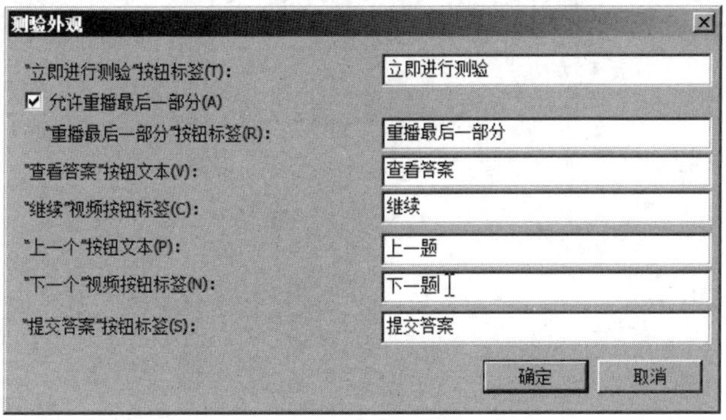

图 7.44 "测验外观"对话框

单击"确定"按钮返回"生成向导"测验报告选项对话框，单击"下一步"按钮，然后单击"完成"按钮，生成微课视频。

7.3.2 在浏览器中播放测验视频

生成的微课视频可以发布到网站上，用户登录网站观看视频。微课制作者可以在浏览器上测试视频的使用效果。

图 7.45 所示为微课视频在浏览器中播放，进度条上有 4 个白色圆点，表示有 4 个测验题。

图 7.45 带有测验的微课视频测试画面

图 7.46 所示为微课视频播放到第一个测验题——单选题处的页面，视频停止播放并弹

出含有"重播最后一部分"和"立即进行测验"选项的列表,选择"立即进行测验"选项后出现图 7.47 所示的单选题页面。

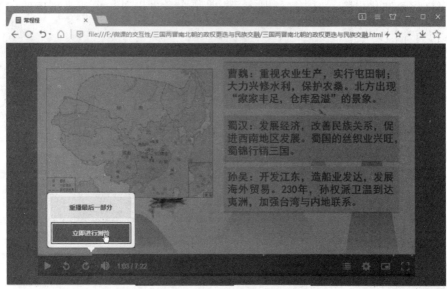

图 7.46　第一个测验题页面

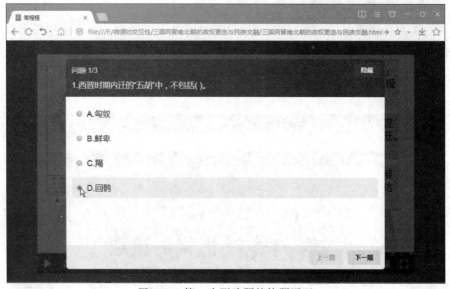

图 7.47　第一个测验题的答题页面

在答题完毕后选择"提交答案"选项,出现图 7.48 所示的列表,询问用户查看答案或者继续观看。

如果选择"查看答案"选项,会出现图 7.49 所示的页面,页面中显示正确答案并对用户的作答进行判断;如果选择"继续"选项,则继续播放视频。

后面的测验题操作与上面大致相同。在用户完成 4 个测验题,视频播放完毕后,如果作者设置了"通过电子邮件报告测验结果",测验结果将以邮件的方式发送至微课制作者在生成视频时填写的邮箱中。

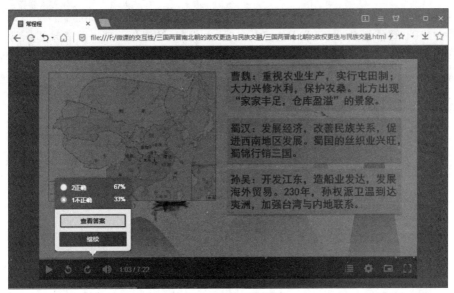

图 7.48　询问用户列表

图 7.49　答案反馈

7.3.3　保留项目中的交互功能

项目输出除了根据输出的不同视频格式进行设置外,对于包含交互功能的项目还需要考虑如何不丢失交互功能。

Camtasia 可以通过热点功能实现对视频播放进度的简单控制,并能够创建各种常见类型的测试题让用户解答。传统的视频文件只包含音频和视频信息,对播放的控制只能使用播放器实现,无法实现人机之间的交互。因此,如果在项目中添加了跳转功能或测验题,在将项目输出为 WMV 或 AVI 这类视频文件后,控制视频跳转的热点对象在视频中失去功能,添加的测验题在视频中不显示。

在输出带有热点功能和测验题的项目时,要保证功能能够实现,可将项目生成的文件类型指定为"MP4-智能播放器(HTML5)"。在对"生成向导"Smart Player 选项进行设置时勾选"控制器生成"复选框,如图 7.50 所示。这样,在输出项目时 Camtasia 将同时生成 MP4 和 HTML5 控制器,借助于 HTML5,使用浏览器来实现交互功能,而非使用传统的视频播放软件进行播放。

图 7.50　勾选"控制器生成"复选框

按照上面的设置输出带有测验题或交互式热点的项目后,在生成的文件夹中既包含 MP4 视频文件也包含一个 HTML 页面文件,如图 7.51 所示。如果需要查看项目中的测验题或交互功能,应打开 HTML 文件,在浏览器中播放视频,当播放到有测验题的位置时浏览器会给出提示列表,选择列表中的"立即进行测验"选项开始测试。单击热点区域可跳转到指定时刻继续播放或打开设置的页面,如图 7.52 所示。

图 7.51　生成 MP4 文件和 HTML 文件

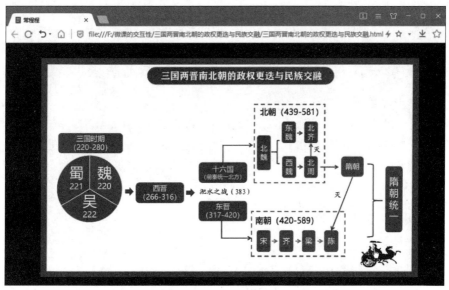

图 7.52　单击交互式热点区域执行设置的操作

专家点拨：如果只希望生成单独的 MP4 格式文件，可以在"生成向导"Smart Player 选项对话框中取消对"控制器生成"复选框的勾选。

7.4　本章习题

一、填空题

1. Camtasia 具有添加_____的功能，使用该功能能够在单击后直接跳转到指定的位置。

2. Camtasia 能够制作 4 种测验题，这 4 种测验题是教学中常见的_____。

3. 在"生成向导"媒体格式选择对话框中默认选择的是_____单选按钮，发布带测验的微课推荐选择该单选按钮。

二、选择题

1. Camtasia 的热点不能实现（　　）功能。

　　A. 单击使视频播放继续

　　B. 单击跳转到视频指定的时间点

　　C. 单击打开指定网页

　　D. 单击停止视频播放

2. 传统教学中的（　　）在 Camtasia 中无法实现。

　　A. 单项选择题　　　B. 多项选择题　　　C. 填空题　　　D. 判断题

3. 如果在"生成向导"Smart Player 选项对话框的"选项"标签下勾选了（　　）复选框，在后面会出现"生成向导"测验报告选项对话框。

　　A."目录"　　　B."测验"　　　C."可搜索"　　　D."字幕"

7.5 上机练习

练习 1　录制一段视频并尝试为其添加"交互式热点"

主要操作步骤提示:

(1) 录制一段视频,导入一张 PNG 按钮图片,将它们置入 Camtasia 中。

(2) 将"标注"界面中"特殊形式"选项下的"交互式热点"效果添加到轨道上。

(3) 在热点中添加文字"下一页"。使用时间定位,单击热点对象后跳转到视频的某一时刻。

练习 2　制作网络测验试卷

主要操作步骤提示:

(1) 在 Camtasia 中添加试卷的背景和标题。

(2) 依次添加单选题、判断题、填空题和简答题。其中,每个题型包含若干小题,分别对具体的题目进行设置。

(3) 将项目输出为带播放器的 MP4 文件格式。

第 8 章 微课的输出

在 Camtasia 中完成整个项目文件的编辑,预览视频效果满意后,最后一步是将项目文件导出生成微课视频。由于生成的微课视频格式多样,在生成视频的过程中要特别注意相关参数的设置,以保证生成的视频的每项功能都有效。本章对 Camtasia 的文件格式及生成视频的方法进行介绍。

本章主要内容:
- Camtasia 中的文件格式
- 生成视频的方法
- 导出 MP4 格式的文件
- 生成其他格式的文件
- 创建和使用预设

8.1 Camtasia 中的文件格式

在使用 Camtasia 录制视频后,媒体箱中会出现扩展名为.trec 的源文件,对源文件编辑后,保存成扩展名为.tscproj 的项目文件,通过前期的录制和再次编辑后,使用 Camtasia 的"分享"功能生成 MP4 格式或其他格式的文件。

8.1.1 源文件

扩展名为.trec 的视频文件称为源文件,它是 Camtasia 创建的屏幕录像文件,存储屏幕录制期间的视频、音频和其他数据。在录屏完成后按 F10 键停止录制,媒体箱中会出现扩展名为.trec 的文件,如图 8.1 所示。

图 8.1 扩展名为.trec 的源文件

.trec 源文件可以理解为最初生成的文件，后来生成的文件都是在对源文件编辑后生成的。.trec 源文件只能在 Camtasia 中打开。Camtasia 会自动为 .trec 源文件命名并保存在默认的 Camtasia 文件夹中。录制后的每个 .trec 源文件在 CamRecorder 工作界面中可以重新输入文件名并更改文件的保存位置，具体步骤如图 8.2 所示。

图 8.2　选择"要求提供文件名"单选按钮

（1）在 CamRecorder 工作界面中选择"工具"|"选项"命令。
（2）弹出"工具选项"对话框，在"常规"选项卡的"正在保存"栏中单击"文件选项"按钮。
（3）弹出"文件选项"对话框，选择"要求提供文件名"单选按钮。
（4）单击两次"确定"按钮。

停止录制后会出现 Camtasia Recorder 对话框，可以在该对话框中输入文件名并将 .trec 源文件保存到项目文件夹中，如图 8.3 所示。

8.1.2　项目文件

在对 .trec 源文件编辑后，保存时生成 .tscproj 项目文件，.tscproj 项目文件也称为工程文件，它保存了时间线上的所有编辑效果和痕迹，以及在媒体箱中引用的 .trec 源文件和媒体文件在计算机中的位置。在保存文件时会弹出图 8.4 所示的项目文件保存信息界面。

保存后的项目文件格式如图 8.5 所示。和 .trec 源文件一样，.tscproj 项目文件也只能在 Camtasia 中打开。在编辑项目文件时应对文件进行实时保存，以避免信息意外丢失。

专家点拨：表 8.1 为源文件与项目文件的对比。

第 8 章 微课的输出　245

图 8.3　输入文件名并选择保存位置

图 8.4　.tscproj 项目文件保存信息界面

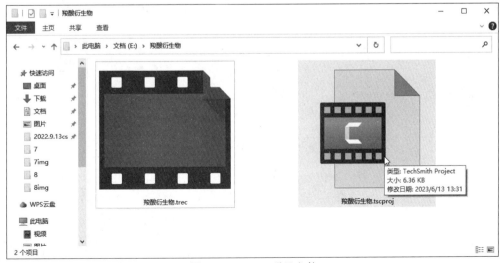

图 8.5　.tscproj 项目文件

表 8.1　源文件与项目文件的对比

名称	图标	扩展名	大小	解释	备注
源文件		.trec	较大	录屏后直接生成的原始文件	将源文件、项目文件和所有素材放置在同一个文件夹中，方便后期编辑。在转移到其他设备上时，需要将项目文件导出为Zip 格式的文件
项目文件		.tscproj	较小	记录素材本地位置和剪辑痕迹的文件。素材包括.trec、.mp4、图像等，放在媒体库中，一个.tscproj 项目文件中可以放入多个.trec 源文件	

8.1.3　视频文件

　　MP4 是一种数字多媒体容器格式，它可以存储视频、音频、字幕等多种媒体信息，其文件扩展名为.mp4，支持在多种设备上播放。MP4 格式在压缩高质量视频文件时能保留音频和视频的质量。MP4 格式还支持多种编解码器，这些编解码器在不损失质量的情况下压缩视频和音频文件，使之更适合在互联网上共享和传输。

　　在完成项目文件的编辑后，通过 Camtasia 的"分享"功能输出.mp4 格式的视频文件，生成的 MP4 格式视频文件及保存位置如图 8.6 所示。

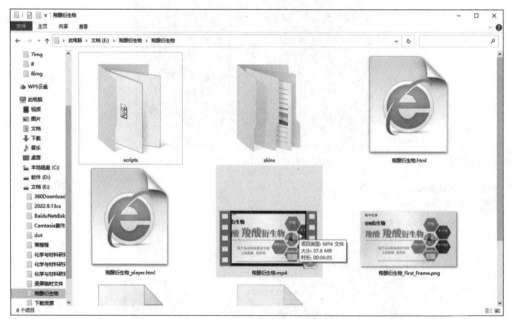

图 8.6　MP4 格式视频文件及保存位置

　　除上述 3 种文件格式外，Camtasia 还可以导出 Zip 格式的文件，用于创建备份或将项目移至另一台计算机。选择"文件"|"导出"|"Zip"命令，然后勾选"将媒体箱中的所有文件包含到压缩项目中"复选框，如图 8.7 所示，最终项目导出为 Zip 格式的文件。

　　Camtasia 还可以生成 WMV-Windows Media 视频文件、AVI-音频视频交错视频文件、

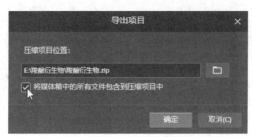

图 8.7　导出 Zip 格式的文件

GIF-动画文件、M4A-纯音频文件，用户可以按需选择文件格式。对于这几种格式的文件将在下面章节中详细介绍。

8.2　生成和导出微课视频

在完成项目的编辑加工后，Camtasia 能够将项目文件输出为多种常见的视频或音频格式文件，不同格式的文件需要设置的参数不同，Camtasia 按照设置的参数生成对应的视频或音频文件。

8.2.1　生成视频的方法

Camtasia 生成视频有两种途径，每种途径包含两种方法。

1. 生成视频文件的途径

1）使用工具按钮

在 Camtasia 工作界面中单击右上角的"分享"按钮 ，然后在下拉列表中选择"本地文件"或"自定义生成"|"新自定义生成"选项，如图 8.8 所示，都可以打开"生成向导"对话框。

2）使用菜单栏

单击菜单栏中的"分享"菜单项，选择"本地文件"或"自定义生成"|"新自定义生成"命令，如图 8.9 所示，也能打开"生成向导"对话框。

图 8.8　使用工具按钮打开"生成向导"对话框

图 8.9　使用菜单栏打开"生成向导"对话框

2. 生成视频文件的常用方法

（1）在"生成向导"对话框中选择"自定义生成设置"选项，按提示逐步生成视频。

（2）在"生成向导"对话框中选择"添加/编辑预设"选项，打开"管理生成预设"窗口，先创建一个自定义预设并设置相关参数，然后选择此预设，按提示逐步生成视频。

对于"生成向导"对话框和"添加/编辑预设"选项将在后面章节中详细介绍。

8.2.2 导出 MP4 格式的文件

MP4 的全称为 MPEG-4 Part 14，它是 MPEG-4 标准中定义的一种媒体容器格式，用于存储数字音频和视频信息。该格式兼容性强，适用媒体范围广，广泛应用于互联网上流媒体、光盘、网络语音发送（如视频电话）以及电视广播等领域，且主流浏览器都支持这种格式的视频文件，因此 MP4 格式的文件非常适合网络传播。

Camtasia 能够将制作完成的项目输出为 MP4 格式的视频文件。下面介绍将项目导出为 MP4 格式视频文件的方法。

1. 选择输出为 MP4 格式

（1）启动 Camtasia 并打开项目，单击"分享"按钮，在下拉列表中选择"本地文件"选项。

（2）打开"生成向导"对话框，在该对话框的下拉列表中列出了 6 个 MP4 生成预设项，用户可根据需要选择，如图 8.10 所示。如果需要对视频的输出进行设置，可以选择下拉列表中的"自定义生成设置"选项，如图 8.11 所示。单击"下一步"按钮，打开"生成向导"媒体格式选择对话框。

图 8.10　6 个 MP4 生成预设项

（3）在"生成向导"媒体格式选择对话框中选择"MP4-智能播放器（HTML5）"单选按

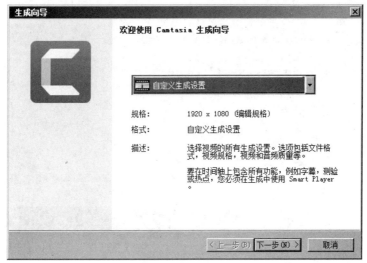

图 8.11 选择"自定义生成设置"选项

钮,将视频输出为 MP4 格式的视频文件,如图 8.12 所示。单击"下一步"按钮,打开"生成向导"Smart Player 选项对话框。

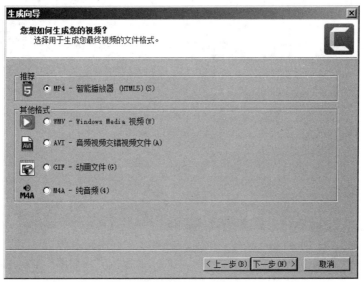

图 8.12 选择"MP4-智能播放器(HTML5)"单选按钮

2. 设置控制器

(1) 在"生成向导"Smart Player 选项对话框中可以对 Smart Player 智能播放器进行设置。如果需要在生成 MP4 格式文件的同时生成 Smart Player 智能播放器,可以在该对话框的"控制器"选项卡中勾选"控制器生成"复选框,如图 8.13 所示。

(2) 选中"自动隐藏控件"复选框,在视频播放时播放控制器将自动隐藏,将鼠标指针移动到视频播放器上,播放控制器将会显示。如果取消对该复选框的勾选,播放控制器将一直显示。在"视频后"下拉列表中选择相应的选项,设置视频播放完成后进行的操作,如图 8.14 所示。

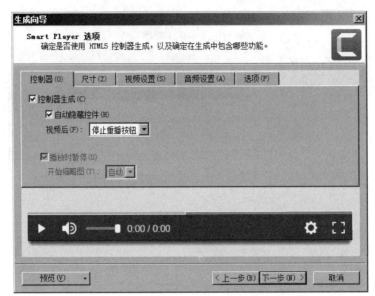

图 8.13 "生成向导"Smart Player 选项对话框

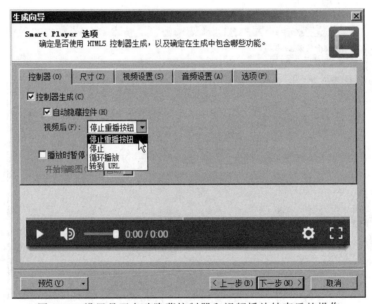

图 8.14 设置是否自动隐藏控制器和视频播放结束后的操作

专家点拨：当在"视频后"下拉列表中选择"停止重播按钮"选项时，视频播放完后将停止在视频的第一帧并显示一个"重播"按钮，如图 8.15 所示。如果选择"停止"选项，视频播放完成后将停止在视频的最后一帧，只有单击播放控制器上的"播放"按钮视频才能从头开始播放。选择"循环播放"选项，当视频播放完成后，视频将自动从头开始播放。选择"转到URL"选项，在其下的文本框中输入 URL 地址，如图 8.16 所示，视频播放完成后将使用默认的浏览器跳转到指定的网页。

（3）勾选"播放时暂停"复选框，在"开始缩略图"下拉列表中选择"自动"选项，视频开始播放时将停止在第一帧并显示"播放"按钮，单击该按钮视频开始播放，如图 8.17 所示。

图 8.15 视频停止在第一帧并显示"重播"按钮

图 8.16 输入 URL 地址

专家点拨：如果在"开始缩略图"下拉列表中选择"选择文件"选项，在该下拉列表的下方会出现文本框，如图 8.18 所示。单击文本框右侧的"浏览"按钮，在打开的"选择图像文件"对话框中选择需要使用的图像文件，如图 8.19 所示。在打开视频时视频处于停止状态，显示指定的图片和"播放"按钮，单击"播放"按钮视频开始播放，如图 8.20 所示。

3. 设置视频和音频

（1）切换到"尺寸"选项卡，在"嵌入尺寸"栏的"宽度"和"高度"文本框中输入数值设置视频的嵌入尺寸，在"视频大小"栏的"宽度"和"高度"文本框中输入数值设置视频的大小，如图 8.21 所示。

专家点拨："嵌入尺寸"用于设置视频嵌入浏览器中的大小，"视频大小"用于设置生成视频文件的播放大小。需要注意的是，如果嵌入尺寸和视频大小相同，在网络中使用浏览器

图 8.17 视频暂停在第一帧并显示"播放"按钮

图 8.18 选择"选择文件"选项

图 8.19 "选择图像文件"对话框

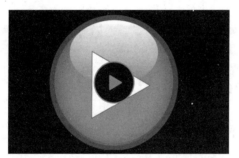

图 8.20 显示指定的图像和"播放"按钮

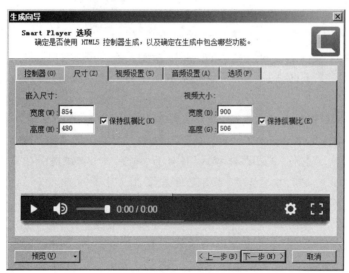

图 8.21 设置视频的嵌入尺寸和视频的大小

播放视频时,视频相对于原始视频没有放大,视频的效果与原始视频的效果相同。在设置时,视频大小最好不要小于嵌入尺寸。另外,如果勾选"保持纵横比"复选框,当调整视频的"宽度"或"高度"中的某个值时,将自动获得另一个参数的值。

(2)切换到"视频设置"选项卡,在"帧率"下拉列表中选择相应的选项设置视频的帧速率,如图8.22所示。

图8.22 设置帧率

专家点拨:如果选择"自动"选项,系统将在视频输出时自动确定视频的帧率,用户也可以根据具体情况在下拉列表中选择相应的选项来指定帧率。需要注意的是,帧率越大,视频文件也就越大。如果视频用于网络传播,应该根据网络带宽来进行设置,虽然较小的帧率有利于视频在网络上的播放,但较小的帧率会影响视频效果。

(3)在"正在编码模式"下拉列表中选择相应的选项设置编码模式,这里选择"质量"选项,拖动其下的滑块调整视频的质量,如图8.23所示。在"正在编码模式"下拉列表中选择"比特率"选项,拖动其下的滑块或在其后的文本框中输入数值设置视频的比特率,如图8.24所示。

专家点拨:比特率表示经过编码(压缩)后的音、视频数据每秒传输的数据量。比特率与音、视频压缩有关,简单地说,比特率越高,音、视频越清晰,但编码后的文件越大;比特率越少,情况刚好相反。在将"正在编码模式"设置为"质量"时,将以质量优先的原则设置视频的比特率,获得需要的播放质量的同时不会造成文件尺寸的过度增加。在将"正在编码模式"设置为"比特率"时,用户可以按照需要对输出视频的比特率进行设置。建议用户将"正在编码模式"设置为"质量"。

(4)在"关键帧间隔"后面的文本框中输入数值设置每秒的关键帧数,设置"H.264配置文件"和"H.264级别",如图8.25所示。

专家点拨:动画的每一帧实际上就是一个静态图像,连续的帧显示成动画。"关键帧间隔"文本框用于设置每秒显示的帧数,其值越大显示的动画越流畅、越真实。H.264是一种

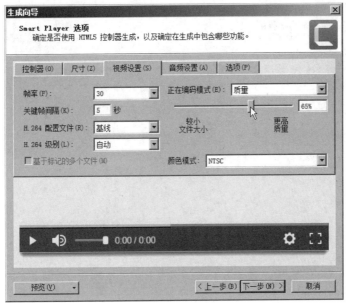

图 8.23　设置视频的质量

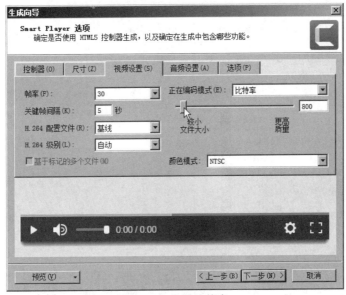

图 8.24　设置比特率

高性能的视频编解码技术,在尽可能低的存储情况下获得好的图像质量和低带宽图像快速传输。对于一般用户来说,"H.264 配置文件"和"H.264 级别"使用系统默认选项。

(5) 切换到"音频设置"选项卡,勾选"编码音频"复选框,在其下的"比特率"下拉列表中选择相应的选项设置音频编码的比特率,如图 8.26 所示。

专家点拨:如果在输出项目时不希望视频中包含声音,可以取消对"编码音频"复选框的勾选。

(6) 切换到"选项"选项卡,该选项卡中包含"目录""可搜索""字幕""测验"4 个复选框

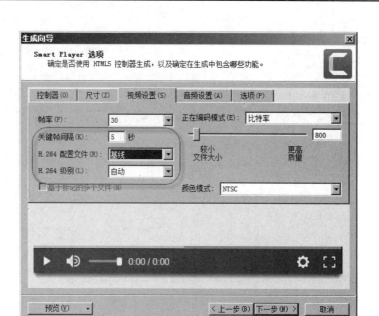

图 8.25 设置关键帧间隔和 H.264

图 8.26 设置音频编码的比特率

和"HTML 标题"文本框,如图 8.27 所示。

- 目录:在使用标记制作视频导航目录时必须勾选该复选框,否则视频导航目录无法生成。下面介绍如何生成带导航目录的视频文件。

在勾选"目录"复选框后,单击两次"下一步"按钮,打开"生成向导"标记选项对话框,该对话框中包含"目录"和"显示选项"两部分,如图 8.28 所示。

图 8.27　"选项"选项卡

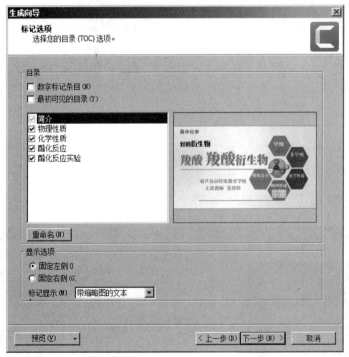

图 8.28　"生成向导"标记选项对话框

"目录"部分包含"数字标记条目"和"最初可见的目录"复选框以及一个列表框,列表框中列出了编辑视频时添加的标记名称。如果勾选"数字标记条目"复选框,导航目录将以标记编号为名称。

选中列表框中的标记,单击"重命名"按钮,可以对显示的目录重新命名,如图 8.29

所示。

图 8.29 重新命名显示的目录

"显示选项"部分包含"固定左侧"和"固定右侧"单选按钮以及"标记显示"下拉列表。其中,"固定左侧"和"固定右侧"决定生成视频导航目录在视频中的位置;"标记显示"下拉列表中包含 3 个选项,分别是"带缩略图的文本"、"仅文本"和"仅缩略图",用户可以根据需要进行选择。

渲染完成后在浏览器中打开视频,左侧显示视频导航目录,单击某个目录播放该目录对应的视频,效果如图 8.30 所示。

图 8.30 带导航目录的视频

- 字幕：如果视频中配有字幕，应勾选该复选框，并在"字幕类型"下拉列表中选择"刻录式字幕"选项，如图 8.31 所示。

图 8.31 设置"字幕"选项

- 测验：如果在视频中添加了测验题，勾选该复选框。有关"测验"的内容已经在 7.3.1 节中进行了介绍。
- HTML 标题：在其后的文本框中输入 HTML 标题名称。

4. 生成视频

(1) 在完成 Smart Player 智能播放器的设置后单击"下一步"按钮，进行"视频选项"的设置，如图 8.32 所示。单击"视频信息"栏中的"选项"按钮打开"视频信息选项"对话框，在该对话框的"视频信息"选项卡中输入视频项目的相关信息，如图 8.33 所示。切换到"作者信息"选项卡，输入视频作者的有关信息，如图 8.34 所示。

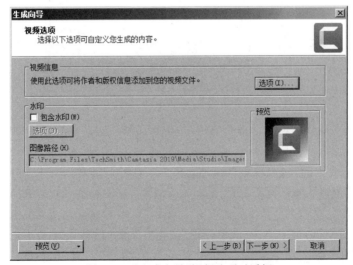

图 8.32 "生成向导"视频选项对话框

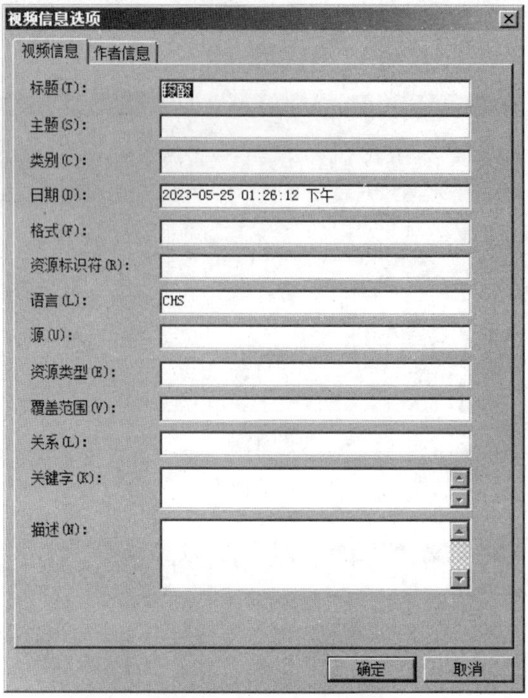

图 8.33　设置视频信息

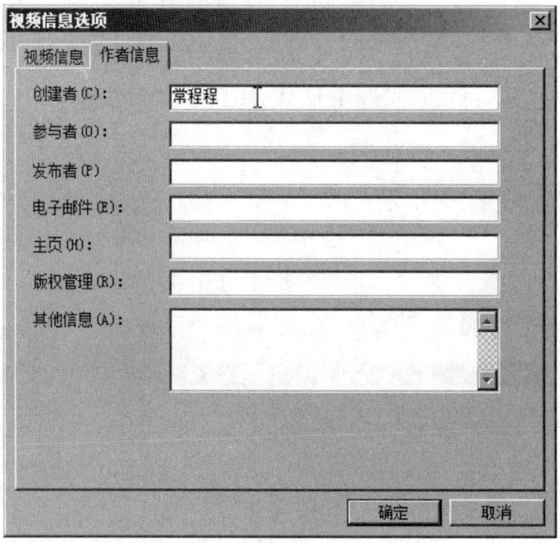

图 8.34　设置作者信息

在"生成向导"视频选项对话框中勾选"包含水印"复选框,将在生成的视频中添加水印,单击下方的"选项"按钮,打开"水印"设置对话框和"水印预览"窗口,如图 8.35 所示。

在关闭图 8.35 中的"水印预览"窗口后,单击"水印"设置对话框中的"预览"按钮将再次打开"水印预览"窗口。水印为默认的 Camtasia 图标,该图标样式可以在"水印预览"窗口中看到。

在"水印"设置对话框中单击"图像路径"文本框右侧的按钮，打开"选择一个水印"对话框,在该对话框中输入图像文件名,如图 8.36 所示,单击"打开"按钮即可将水印更换为指

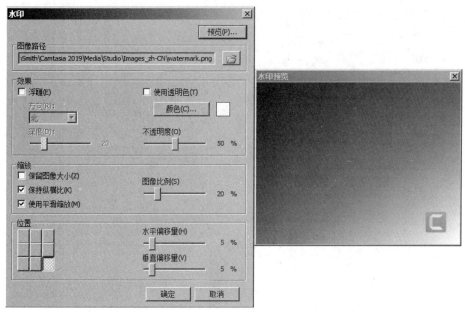

图 8.35 "水印"设置对话框和"水印预览"窗口

定的图像。

图 8.36 指定用作水印的图像文件

在选定水印图像后可以对其进行"效果""缩放""位置"的设置。

在"效果"设置栏中,"浮雕"与"使用透明色"复选框不能同时选择。

- 浮雕:勾选该复选框,对水印图像应用浮雕效果,在"方向"下拉列表中选择相应的选项设置浮雕的方向,拖动"深度"滑块调整浮雕效果的深度,拖动"不透明度"滑块调整水印图像在视频中的不透明度,在"水印预览"窗口中能够预览水印效果,如图 8.37 所示。
- 使用透明色:如果用作水印的图像的背景颜色比较单一,可以通过设置去除其背景

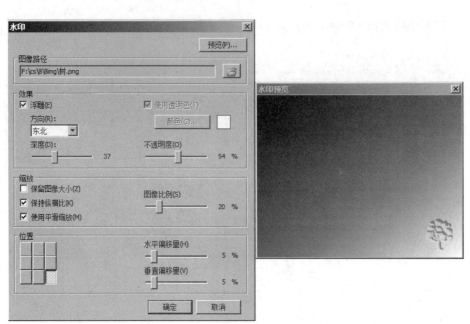

图 8.37 对水印图像应用浮雕效果

颜色,获得背景透明效果。勾选"使用透明色"复选框,如图 8.38 所示。单击"颜色"按钮打开"颜色"对话框,然后单击"规定自定义颜色"按钮将对话框展开。在颜色区域中单击指定颜色或在"红"、"绿"和"蓝"文本框中输入颜色值来指定颜色,如图 8.39 所示。这里用作水印图像的背景颜色为黑色,因此将"颜色"设置为黑色。单击"确定"按钮关闭"颜色"对话框,在"水印预览"窗口中可以看到水印图片的背景颜色被去除,水印背景透明显示,如图 8.40 所示。

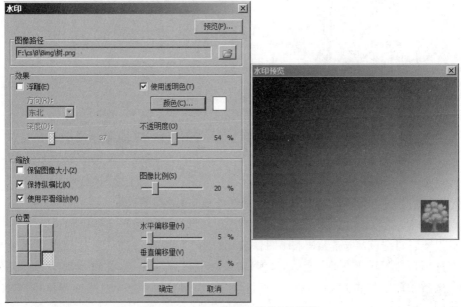

图 8.38 勾选"使用透明色"复选框

图 8.39　指定颜色

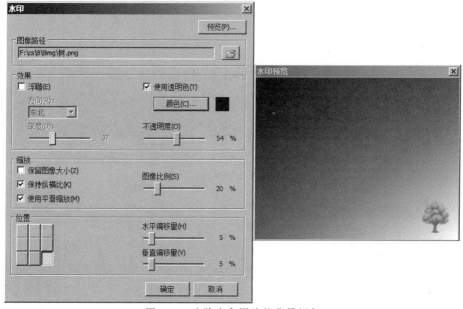

图 8.40　去除水印图片的背景颜色

在"缩放"设置栏中,"保留图像大小"与"保持纵横比"、"使用平滑缩放"复选框不能同时选择,用户可通过调整右侧的"图像比例"滑块改变图像的比例。

"位置"是指水印图像在视频画面中的位置,有 9 个位置可以选择,单击表示位置关系的方块来选择某一位置,通过右侧的"水平偏移量"和"垂直偏移量"滑块对水印图像的位置进行微调。

（2）在设置完成后单击"确定"按钮,返回"生成向导"视频选项对话框,单击"下一步"按钮,打开"生成向导"标记选项对话框。对于"生成向导"标记选项对话框已经在前面进行了详细介绍,这里不再赘述。

（3）单击"下一步"按钮,打开"生成向导"测验报告选项对话框,对于该对话框在 7.3.1 节中进行了详细介绍。

（4）单击"下一步"按钮,打开"生成向导"生成视频对话框,在该对话框的"生成名称"文本框中设置输出视频的名称,如图 8.41 所示。单击"文件夹"文本框右侧的按钮 打开"另存为"对话框,在该对话框中选择保存视频文件的文件夹,如图 8.42 所示。完成后单击"保存"按钮。

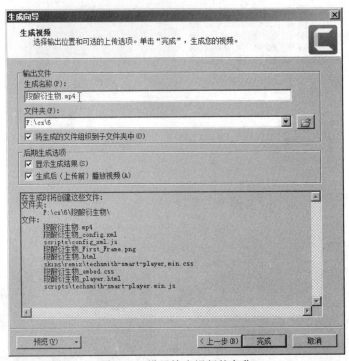

图 8.41 设置输出视频的名称

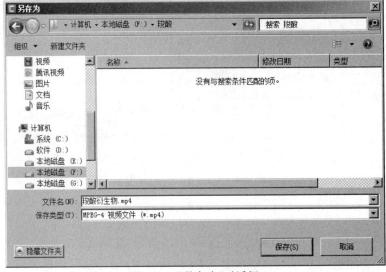

图 8.42 "另存为"对话框

(5) 在"生成向导"生成视频对话框中勾选"将生成的文件组织到子文件夹中"复选框,生成的文件将被放置到指定文件夹的一个子文件夹中,该文件夹的名称为项目的名称。勾选"生成后(上传前)播放视频"复选框,在生成视频后将会播放视频。在该对话框的下方会显示生成的文件夹以及生成的文件列表,如图 8.43 所示。

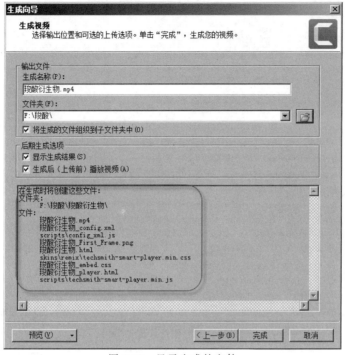

图 8.43　显示生成的文件

（6）单击"生成向导"生成视频对话框下方的"预览"按钮会显示"预览当前设置"和"预览管理器"两个选项,选择"预览当前设置"选项,将弹出图 8.44 所示的"正在渲染预览"界面,在渲染预览完成后将自动打开浏览器播放视频,临时查看设置效果。

如果选择"预览管理器"选项,将弹出图 8.45 所示的"生成预览管理器"对话框。

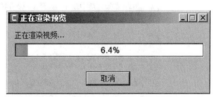

图 8.44　"正在渲染预览"界面

在该对话框中选择一个预览视频文件后,在右侧的矩形框内会显示该预览视频文件的相关信息,单击"播放选定预览"按钮打开浏览器预览视频,如图 8.46 所示,在单击"播放"按钮后可以查看预览设置的效果。

单击图 8.45 所示对话框中的"删除"按钮可以删除选中的预览视频文件。在选中两个或两个以上的预览视频文件后,单击"比较设置详细信息"按钮,对选中的预览视频文件进行比较,比较信息显示在右侧的矩形框内。在选中任一预览视频文件后,单击"使用这些设置"按钮,会弹出图 8.47 所示的 TechSmith Camtasia 对话框,单击"是"按钮,选定的预览视频文件会放弃当前生成设置而"使用这些设置"设置生成最终的视频文件,并返回到图 8.43 所示的对话框。

（7）在"生成向导"生成视频对话框中单击"完成"按钮,Camtasia 将按照设置进行视频的生成,如图 8.48 所示。项目渲染完成后 Camtasia 将打开系统默认的浏览器,在浏览器中将对视频进行播放。

（8）在渲染完成后,打开图 8.49 所示的"生成结果"对话框,在该对话框中 Camtasia 给

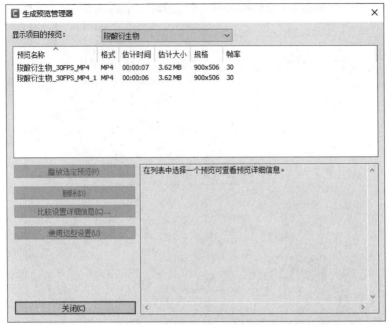

图 8.45 "生成预览管理器"对话框

图 8.46 打开浏览器预览视频

图 8.47 TechSmith Camtasia 对话框

图 8.48　生成视频

出生成结果提示，单击"打开生成文件夹"按钮，打开用于保存生成的视频文件和相关文件的文件夹，如图 8.50 所示。单击"创建生成预设"按钮，弹出"创建生成预设"对话框，在"预设名称"文本框中输入名称，在"描述"文本框中输入相关描述文字，如图 8.51 所示，单击"确定"按钮，创建的预设可在生成其他视频时使用。

图 8.49　项目生成结果

在图 8.49 中单击"完成"按钮，完成项目的输出。

8.2.3　生成其他格式的文件

Camtasia 能够将项目输出为当前主流的视频、音频格式，如 WMV、AVI 和 M4A 等，用

图 8.50 文件夹中的文件

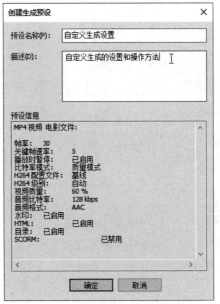

图 8.51 "创建生成预设"对话框

户可以根据音、视频传播的方式和播放的场合来选择合适的文件格式,下面介绍设置方法。

1. 生成 WMV 格式的文件

WMV(Windows Media Video)是微软公司推出的一种流媒体格式,该格式的视频文件可以边下载边播放,因此适合在网上播放和传输。在 Camtasia 中编辑完成的视频项目,可以生成 WMV 格式的视频文件。

(1) 打开"生成向导"对话框,在该对话框的下拉列表中选择"自定义生成设置"选项。单击"下一步"按钮,在打开的对话框中选择"WMV-Windows Media 视频"单选按钮指定视频格式,如图 8.52 所示。在完成选择后单击"下一步"按钮。

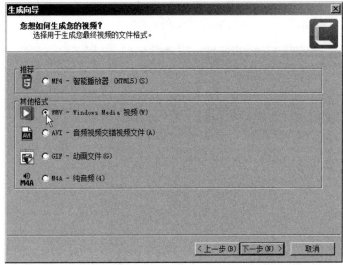

图 8.52　选择"WMV-Windows Media 视频"单选按钮

(2) 打开"生成向导"Windows Media 编码选项对话框,在"配置文件"下拉列表中选择相应的选项设置视频编码方式,如图 8.53 所示。该下拉列表中的 3 个选项对应 3 个编码配置文件,一般情况下选择"Camtasia 最佳质量和文件大小(推荐)"选项,其对应的配置文件能够保证输出的 WMV 视频文件具有最佳的播放质量和最小的体积,有利于在网络上传播。在完成设置后单击"下一步"按钮。

图 8.53　选择编码配置文件

(3) 打开"生成向导"视频大小对话框,选择"自定义"单选按钮,在"宽度"和"高度"文本框中输入数值设置输出视频的宽度和高度,如图 8.54 所示。如果选择"当前"单选按钮,生成视频的宽度和高度将使用编辑器中视频的原始宽度和高度。在完成设置后依次单击"下一步"按钮进行下面的设置,其后的设置与生成 MP4 格式文件时的设置相同。在完成全部设置后,单击"完成"按钮生成 WMV 格式的文件。

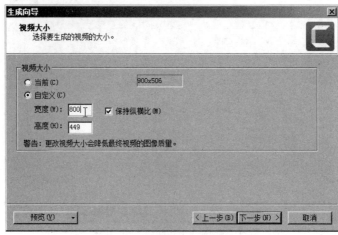

图 8.54　设置输出视频的大小

2. 生成 AVI 格式的文件

AVI 文件格式是微软公司推出的一种视频文件格式,它的英文全称是 Audio Video Interleaved,即音频视频交错格式。该格式的文件可以将视频和音频交织在一起进行同步播放,其优点是具有较高的质量,可以跨多个平台使用,缺点是文件体积较大。Camtasia 能够将视频项目输出为 AVI 格式的视频文件,下面介绍具体的设置方法。

(1) 打开"生成向导"对话框,选择"自定义生成设置"选项。单击"下一步"按钮,在对话框中选择"AVI-音频视频交错视频文件"单选按钮,如图 8.55 所示,单击"下一步"按钮。

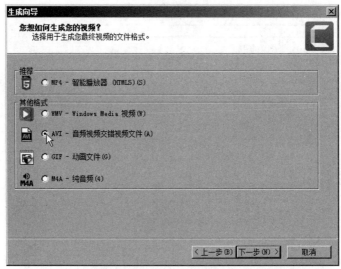

图 8.55　选择"AVI-音频视频交错视频文件"单选按钮

(2) 打开"生成向导"AVI 编码选项对话框,在"颜色"下拉列表中选择相应的选项设置视频的颜色位数,如图 8.56 所示。颜色位数设置得越高,越能反映视频画面的真实色彩,整体画面效果越精湛，但是视频文件也就越大。在一般情况下选择"自动"选项即可。

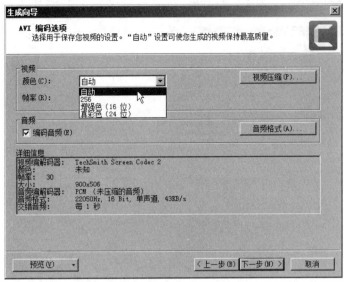

图 8.56　设置视频的颜色位数

（3）单击"视频压缩"按钮打开"视频压缩选项"对话框，在该对话框的"压缩程序"下拉列表中选择相应的选项指定视频压缩方案，如图 8.57 所示。

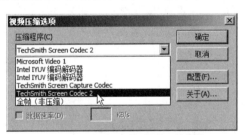

图 8.57　"视频压缩选项"对话框

专家点拨：TechSmith Screen Codec 2 和 TechSmith Screen Capture Codec 是 TechSmith 提供的两种 AVI 视频编码方案。在默认情况下，"视频压缩选项"对话框中的"压缩程序"被设置为"TechSmith Screen Codec 2"，使用该输出方案能够获得比 TechSmith Screen Capture Codec 方案更高的视频品质，文件大小却小于 TechSmith Screen Capture Codec 方案获得的 AVI 格式的文件。在选择 TechSmith Screen Codec 2 选项后，该对话框中的"配置"按钮可用，单击该按钮会打开 Configure TechSmith Screen Codec 2 对话框，在该对话框中可以对画质进行设置，如图 8.58 所示。

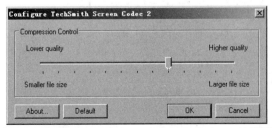

图 8.58　Configure TechSmith Screen Codec 2 对话框

（4）在"帧率"下拉列表中选择相应的选项可以对帧速率进行设置，如图 8.59 所示。较小的帧速率能够减小 AVI 格式文件的大小。在默认情况下将"帧率"设置为 30。

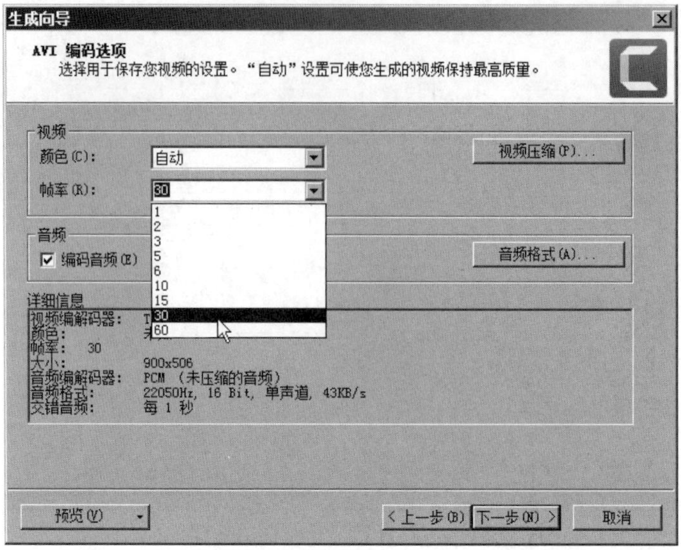

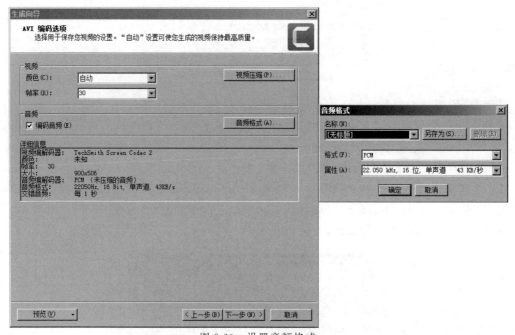

图 8.59　设置"帧率"

（5）勾选"编码音频"复选框，单击右侧的"音频格式"按钮打开"音频格式"对话框，在该对话框中对音频的格式进行设置，如图 8.60 所示。如果要去掉 AVI 视频中的声音，只需取消对"编码音频"复选框的勾选。在完成设置后单击"下一步"按钮，按照前面的介绍完成后面的设置，即可将视频导出为 AVI 格式的文件。

图 8.60　设置音频格式

3. 生成 M4A 格式的文件

M4A 是一种数字音频文件格式,该音频格式在保证音质的同时将文件压缩到较小,M4A 格式的文件通常比同等质量的 MP3 格式的文件小,使得它在存储和传输音频数据时更加方便。

在制作微课时,如果只需要获得项目中的声音,就需要将项目导出为 M4A 音频文件。

(1) 打开"生成向导"对话框,选择"自定义生成设置"选项。单击"下一步"按钮,在对话框中选择"M4A-纯音频"单选按钮,如图 8.61 所示。单击"下一步"按钮。

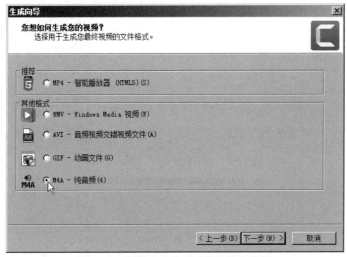

图 8.61　选择"M4A-纯音频"单选按钮

(2) 打开"生成向导"M4A 编码选项对话框,单击"选项"按钮,打开"视频信息选项"对话框,在该对话框中设置视频信息和作者信息,如图 8.62 所示。在完成设置后单击"确定"按钮,返回"生成向导"M4A 编码选项对话框。

图 8.62　设置视频信息和作者信息

（3）根据需要在"比特率"下拉列表中选择相应的选项设置音频的比特率，如图 8.63 所示。在完成设置后单击"下一步"按钮，按照前面的介绍完成剩余设置，即可将视频导出为 M4A 格式的音频文件。

图 8.63 设置"比特率"

专家点拨：Camtasia 可以将项目输出为 WMV 格式的文件，WMV 是微软公司推出的一种流媒体格式，在同等视频质量下，WMV 格式的视频文件体积很小，因此适合在网络上播放和传输。另外，Camtasia 还可以将项目输出为 GIF 格式的文件，这种格式的文件能够在一个文件中保存多幅图像，将这些图像全部读出并显示到屏幕上，就可以获得动画效果。GIF 格式的文件采用的是一种有损压缩技术，虽然其文件体积较小但是画质较差，该格式的动画文件还存在无法保存音频数据的问题，因此其适合于网速较慢的互联网，不适合于微课视频的输出。

8.2.4 创建和使用预设

从前面的介绍可以看出，将项目输出为视频文件需要经过多步设置，在每个步骤中又需要对多个选项进行设置。在很多时候，相同用途、不同内容的项目在输出时的要求是一样的，如果每次输出都要进行设置会降低制作效率。在 Camtasia 中创建预设方案，对于相同输出需求的项目文件，直接使用预设方案进行输出即可。下面介绍创建和使用预设输出方案的具体操作方法。

（1）打开"生成向导"对话框，选择"添加/编辑预设"选项，如图 8.64 所示。打开"管理生成预设"对话框，如图 8.65 所示。

（2）单击"新建"按钮，打开"生成预设向导"对话框，在"预设名称"文本框中输入预设名

图 8.64 选择"添加/编辑预设"选项

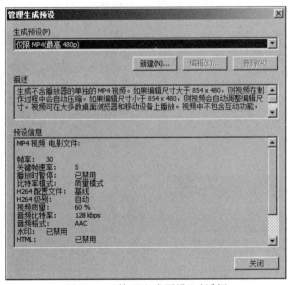

图 8.65 "管理生成预设"对话框

称,在"文件格式"列表中选择输出文件的格式,如图 8.66 所示。

(3) 依次单击"下一步"按钮进行下面的设置,在输出为 MP4 格式的文件时要进行两个步骤的设置,如图 8.67 所示。在完成设置后单击"完成"按钮返回"管理生成预设"对话框,在该对话框的"预设信息"框中显示视频文件的设置信息,如图 8.68 所示。

"管理生成预设"对话框中各项的功能如下。

图 8.66　设置预设名称和文件格式

图 8.67　输出为 MP4 格式文件时的设置

- 新建：单击该按钮开始创建预设。
- 编辑：单击该按钮进入"编辑生成预设"对话框，可以对创建的预设进行编辑，该对话框的编辑项目与图 8.66 所示对话框的编辑项目相同，只是对话框的名称不同。
- 删除：单击该按钮，可以删除选中的预设。
- 描述：对预设的适用范围、媒体格式、兼容模式等的描述。
- 预设信息：用于对预设参数的描述，主要包括媒体格式、帧率、关键帧速率、播放时暂停、比特率模式、视频质量、音频比特率、音频格式、水印、HTML 等。

在"管理生成预设"对话框中单击"关闭"按钮完成预设方案的创建。

图 8.68　返回"管理生成预设"对话框

在生成视频文件时，可以直接使用预设方案快速获得需要的视频文件。打开"生成向导"对话框，在下拉列表中选择创建的预设方案，如图 8.69 所示。单击"下一步"按钮，此时不会再出现参数设置步骤。生成向导将直接要求设置视频输出时的名称、保存的文件夹以及输出完成后是否播放视频等，如图 8.70 所示。单击"完成"按钮即可按照预设方案生成视频。

图 8.69　选择创建的预设方案

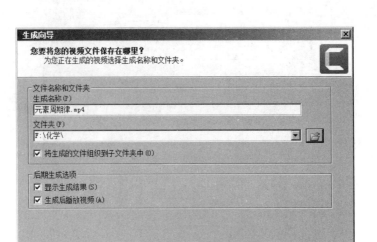

图 8.70　设置生成名称和文件夹等

专家点拨：在第一次进行项目输出时，可以按步骤依次进行设置，在图 8.70 所示的对话框中勾选"显示生成结果"复选框，在生成视频后，Camtasia 会给出一个"生成结果"对话框，如图 8.71 所示。如果需要将当前的项目输出设置保存为预设方案，单击该对话框中的"创建生成预设"按钮，打开"创建生成预设"对话框，在该对话框中输入预设名称，如图 8.72 所示。单击"确定"按钮返回"生成结果"对话框。当前使用的输出方案将被保存，当再次进行视频输出操作时，直接在"生成向导"对话框中选择使用该预设方案即可，如图 8.73 所示。

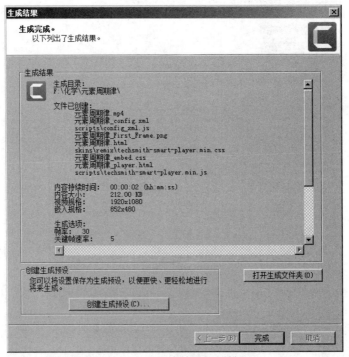

图 8.71　"生成结果"对话框

第 8 章 微课的输出 279

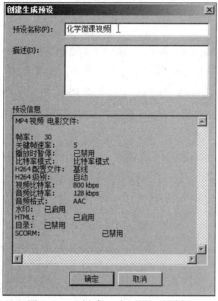

图 8.72 "创建生成预设"对话框

图 8.73 选择保存的输出预设方案

8.3 本章习题

一、填空题

1. 使用 Camtasia 录制视频后,在媒体箱中会出现扩展名为_____的源文件。

2. 对于相同输出需求的项目文件,使用 Camtasia 创建的预设生成,省去了烦琐的设置步骤,创建预设的方法是在"生成向导"对话框中选择_____选项。

3. Camtasia 能够将项目输出为_____格式的音频文件。

二、选择题

1. 在办公室的计算机上编辑了一段视频文件,使用的素材很多,如果要把所有素材复制到家中的计算机上继续编辑,应该用"文件"菜单中的(   )来解决问题。
   A. 导出项目为 Zip 与导入压缩项目　　B. 另存为
   C. 生成视频　　　　　　　　　　　　D. 新建项目

2. Camtasia 默认的项目文件格式是(   )。
   A. *.camrecj　　B. *.tscproj　　C. *.camproj　　D. *.camrcoj

3. 在输出视频时为视频添加水印,下面(   )的操作是 Camtasia 无法实现的。
   A. 调整水印图像的大小　　　　　　　B. 调整水印在视频中的位置
   C. 更改水印图像的色彩　　　　　　　D. 为水印添加浮雕效果

8.4 上机练习

练习 1　录制一段视频并尝试将其输出为不同格式的视频文件

主要操作步骤提示:
(1) 录制一段视频将其置入 Camtasia 中。
(2) 分别将项目导出为不同格式的视频,比较它们参数设置的不同及视频的大小。

练习 2　综合案例——基于 PPT 的微课制作

主要操作步骤提示:
(1) 开启光标效果。
(2) 在录制 PPT、讲解声音的同时,把讲解人一起录入视频。
(3) 编辑录制的视频,包括编辑音频、对音频降噪、添加光标效果、拆分视频、在视频中间加入图片、为场景过渡加入转场效果、为部分画面添加缩放效果。
(4) 加入同步字幕,添加标注和测试题。
(5) 输出微课视频。